日本はもはや「後進国」

経済評論家
加谷珪一

秀和システム

まえがき

日本はもはや先進国ではない

多くの人にとって、「日本は世界でも指折りの先進国である」という話は、一般常識といってよいものでした。しかし、その常識は音を立てて崩れ始めています。

豊かさを示すもっとも代表的な指標は、1人あたりGDP（国内総生産）で、日本はかつて主要先進国の中で1位だったこともありました。しかし、その順位は年々下がり続けており、現在ではイタリアと最下位を争う状況です。このままでは近い将来、韓国にも抜かされる可能性が高まってきたといってよいでしょう。

このほかにも日本の経済力の著しい低下を示すデータはいくらでもあります。

世界競争力ランキングの順位は63カ国中もはや30位と1997年以降では最低の結果となっていますし（IMD調べ）、平均賃金はOECD加盟35カ国中19位でしかありません。

相対的貧困率は39カ国中29位、教育に対する公的支出のGDP比率は43カ国中40位、年金の所得代替率は49カ国中40位、障害者への公的支出のGDP費は36カ国中31位、失業に対する公的支出のGDP比は34カ国中32位（いずれもOECD調べ）など、これでもかというくらいひどい有様です。

日本が貧しくなった原因は様々ですが、もっとも大きいのは、日本の労働生産性が相対的に低い水準のまま伸び悩んでいることです。

経済学的にいうと、労働生産性と賃金には密接な関係がありますから、生産性が低いままでは賃金はなかなか上昇しません。賃金が低いと家計に余裕がなくなりますから、消費が低迷し、これが企業の設備投資を弱体化させます。

設備投資の低迷は足元の景気にマイナスとなるだけでなく、将来の経済成長にも悪影響を及ぼします（設備投資が減ると、工場や店舗、研究施設の更新が遅れ、長期的な成長を妨げます）。

日本がこれ以上、貧しい国にならないためには、何としても生産性を向上させる必要があるわけですが、多くの人にとって生産性というキーワードは耳にしたことはあるものの、中身についてはよく知らないというのが正直なところではないでしょうか。

本書は、日本の豊かさのカギを握っている「生産性」という概念について、可能な限り簡単に解説することを目的に執筆しました。

生産性を示す計算式など教科書的な解説だけでなく、「ご挨拶テロ」や「働かないオジサン」など、具体的な事例をもとに、生産性とは何か、どうすれば生産性は向上するのかについて、分かりやすく説明していきたいと思います。

詳しくは後述しますが、生産性という指標は、「儲け」「労働時間」「社員数」という3つの項目に分解できます。簡単にいってしまうと、より儲かる仕事を、短時間で、そして少人数でこなすことができれば、企業の生産性は向上します。そして、生産性の向上は、最終的には日本経済の復活につながっていくことでしょう。

本書はどこから読んでいただいてもかまいませんが、第1章に生産性のイロハが書いてありますから、最初に第1章を読むことをお勧めします。第2章以降で、具体的な生産性の向上策について検討し、最後の第4章では、どうすれば日本経済を復活させることができるのか、筆者の考えを示したいと思います。

目次

第2章　人が多すぎ、時間をかけすぎ

第3章 儲かるビジネスをしないと生産性は上がらない

第4章 どうすれば豊かになれるのか？

第 1 章

日本が貧しくなった理由は
すべて生産性で説明できる

日本は豊かな先進国ではなくなった

「まえがき」でも述べましたが、日本が豊かな先進国であるという常識は、音を立てて崩れ始めています。

一連の経済力の低下は、賃金に如実に反映されます。

日本で働いていた料理人がマカオのレストランに転職が決まり、年収が4倍になったという話が、2018年にネットで話題になりました。

ツイッターで情報発信をしている和食の料理人が、マカオのレストランへの転職が決まったのですが、年収が何と4倍になり、医療費（歯科通院含む）も会社が100％負担してくれるという好待遇だったそうです。現地レストランでのポストは副料理長ということなので、能力が高い人物の話ではありますが、同じ料理人という仕事で、国内と外国でここまで年収に差が付くというのは少々驚きです。

マカオの1人あたりのGDPは日本の2倍以上もあります。

1人あたりのGDPは、その国の平均賃金と考えて差し支えないので、マカオでは平均的なビジネスマンが８００万円以上の年収を稼ぐことは、特に不思議なことではありません。

マカオは大規模なカジノが軒を連ねており、世界でも有数の豊かな地域として知られる一方、日本はサービス業に従事する人の賃金が異様に低いという状況です。マカオに転職して給料が4倍になったというこのケースは、やや特殊な部類に入るのかもしれません。しかしながら、日本が貧しくなっていることは否定できない事実であり、レベルの違いこそあれ、あちこちでこの料理人と同じようなケースが見られるようになってきました。

大卒の初任給についても同じことがいえます。

以前、中国の通信機器メーカー華為技術（ファーウェイ）の日本法人が大卒初任給として40万円以上を提示したことが大きな話題となりました。

同社が就職情報誌において提示した新卒の初任給は、学部卒が約40万円、修士修了で約43万円でした。日本企業の大卒初任給は20万円程度、比較的給料が高い企業でも25万円程度なので、日本企業の給料が安いことは明らかです。

ファーウェイは中国の企業ですが、日本人向けに特に高い年収を提示しているわけではありません。

近年はグローバル化の進展で、企業活動の標準化が全世界レベルで進んでおり、一定水準以上の企業の場合、社員の待遇についても、地域間での格差が縮小しています。欧米企業における技術系社員の初任給は50万円台というところも多いですから、ファーウェイ日本法人の初任給が特別高いというわけではないのです。

日本では携帯電話の料金引き下げが政治問題となっており、安倍政権は通信会社に対して料金の引き下げを強く要請。通信会社側は当初は市場に対する政府の介入であるとして反発していましたが、最大手のNTTドコモが引き下げに応じたことで、一部の料金が下がるという結果になっています。

携帯電話は典型的な設備産業であり、どの企業も同じような設備投資を行っています。規制料金が設定されていない限り、地域によって極端に通信料金に差が出ることはなく、総務省の比較調査でも日本だけが突出して料金が高いという結果にはなっていません（むしろ料金体系が不透明であることの方が問題でしょう）。

その意味では、通信料金が高すぎるという安倍政権の主張は正しいものではないのですが、完全に間違いというわけでもありません。その理由は日本が諸外国と比較して相対的に貧しくなっているからです。

日本人の所得が相対的に下がっている現状では、同じ通信料金でも生活に与えるインパクトはかなり違ってきます。通信料金が月1万円だったとして、大卒初任給が40万円の国と20万円の国では、料金に対する印象が異なるのは当然の結果といってよいでしょう。

日本の生産性は実は万年ビリ

先ほども説明したように、日本が貧しくなっている最大の原因は、日本の生産性が他国と比較して低い水準のまま、伸び悩んでいるからです。

日本生産性本部がまとめた２０１７年における日本の労働生産性（時間あたり）は、47・5ドルで、主要先進国では最下位でした。１位の米国は72ドル、２位のドイツは69・8ドルなので、日本の生産性は米国やドイツの3分の2程度しかありません（図１）。

ここで重要なのは、日本の生産性は最近低下したのではなく、昔からずっと低いままだったという事実です。日本の生産性の低さは今に始まったことではないのです。

図1　生産性（時間あたり）の各国比較

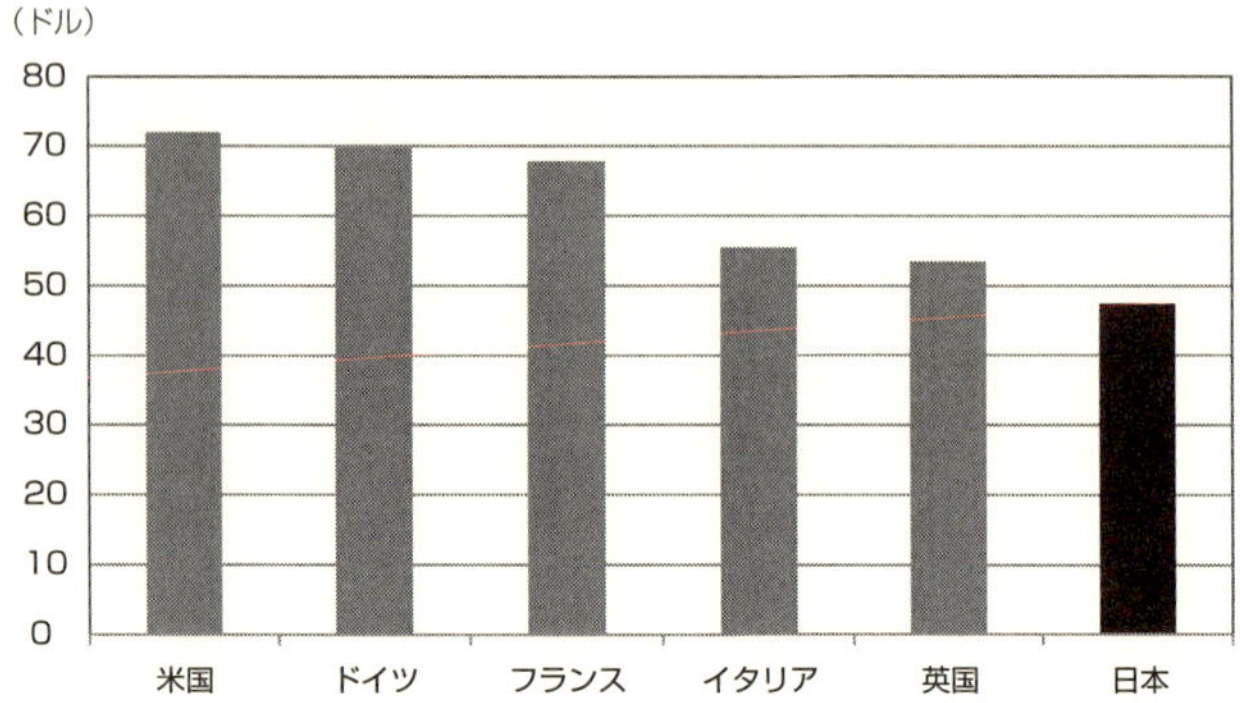

出所）日本生産性本部

日本の労働生産性が先進国中最下位なのは１９７０年代からずっと変わっておらず、日本の生産性がよくなったことは一度もないというのが現実です。

しかしながら、１９７０年代といえば日本の街中はまだ汚い所も多く、途上国としての雰囲気が色濃く残る時代でしたから、生産性が低く、社会が貧しいこともある程度、やむを得ない部分があったかもしれません。しかし、その時代から50年近くが経過した今でも、生産性の順位に変化がないというのは大きな問題であり、多くの日本人が感じている貧しさは、すべてここから来ています。

マクロ経済的には労働生産性と賃金には密接

な関係があり、基本的に生産性が向上しないと賃金も上がりません。過去20年で日本の賃金は大幅に低下しましたが、生産性が伸びていない以上、賃金が上がらないのも当然の結果です。

生産性が高い国は労働時間が短くなる傾向が顕著なので、日本において長時間残業が横行しているのも、生産性の低さが最大の原因です。

生産性についての詳細は後ほど詳しく解説しますが、生産性が低いということは、簡単にいってしまうと、儲からない仕事をしているか、社員の数が多すぎるか、仕事に時間をかけすぎているのかのいずれかです。たいていの場合、3つのすべてが該当しており、日本の場合も例外ではありません。

例えば日本企業では、1万ドルを稼ぐために、平均すると29人の社員を動員し、7時間超の労働を行っています。ところが米国企業は、労働時間こそ日本と同じ7時間ですが、社員数はわずか19人しかいません。ドイツは25人と社員数は米国より多い状況ですが、労働時間は1時間以上も少なく6時間弱で済んでいます。つまり日本企業は、大人数で長時間労働しないと同じ金額を稼げていないということになります。(図2)。つまり日本企業

図2　1万ドル稼ぐために必要な社員数と労働時間

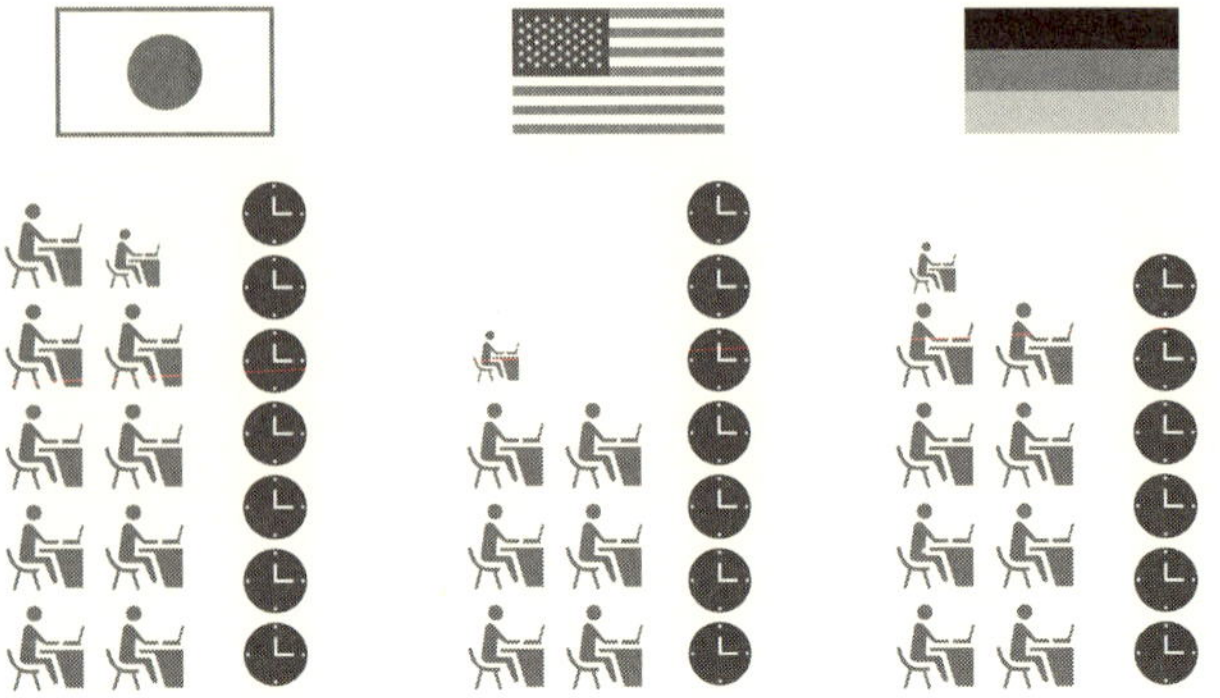

出所）OECD IMFなどから筆者作成

のビジネスは諸外国と比較すると付加価値が低く、労働集約的なのですが、これが生産性を引き下げる最大の要因となっているのです。

日本は輸出大国ではない

日本はモノ作りが得意で、輸出立国だというのは多くの人にとって共通認識だと思います。近年は、日本の競争力が低下したとの指摘も増えていますが、それも裏を返せば、モノ作り大国であったことが前提ということになります。

しかし、この話は日本人がセルフ・イメー

ジしたものであり、現実はかなり様子が異なります。少なくとも、先進諸外国との比較においては、日本はモノ作り大国、輸出大国とはいえない状況なのです。

日本が輸出大国というのはウソ

2017年における日本の名目GDP（国内総生産）は、約547兆円でしたが、同年の輸出（GDPベース）は約98兆円となっており、輸出がGDPに占める割合は約18％ということになります。

しかしながら、この数字は国際的に見た場合、高い部類には入りません。同じ年におけるドイツの輸出は、対GDP比で47％もあります。一般的には輸出大国とみなされていないフランスでも31％、英国も30％となっており、日本の数字に近いのは、世界最大の消費国家である米国（12％）くらいです。

世界の貿易に占める日本のシェアも高くありません。

2017年における全世界の輸出に占めるシェアがもっとも高かったのは中国（10・6％）で、2位は米国（10・2％）、3位はドイツ（7・7％）という順番でした。日本のシェア

図3　世界輸出シェアの推移

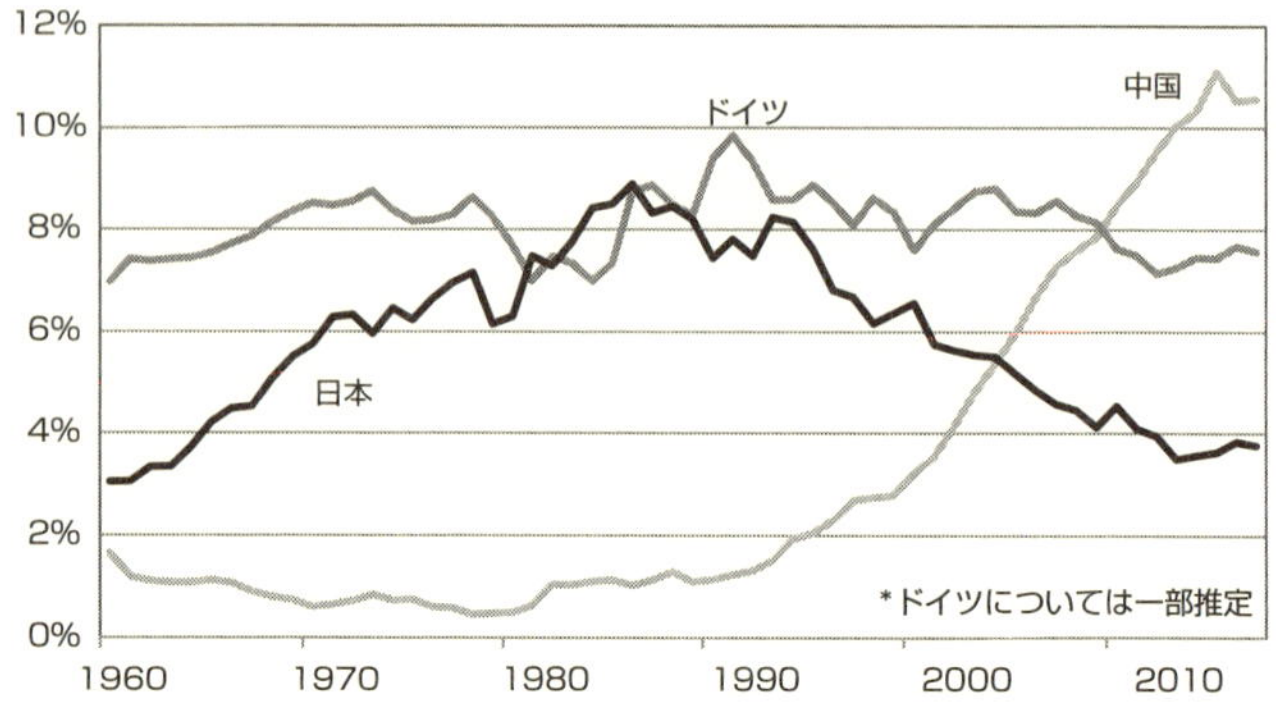

出所）世界銀行、IMFなどから筆者作成

はわずか3・8％と、3位のドイツの半分しかありません。ドイツのGDPは日本よりも小さいですが、日本の2倍以上の輸出を行っていることになります。

しかもドイツは、輸出における世界シェアをほぼ同じ水準で維持していますが、日本は1980年代後半をピークに、その順位を年々落としています（図3）。

整理すると、日本の輸出が世界に占める割合は低く、日本経済に占める輸出の割合も低いということになります。

米国のように経済の規模が突出して大きく、自国経済における輸出割合が小さくても、世界輸出に占めるシェアが高いという国もありますが、日本はそうではありません。一方、自国経済における輸出の比率が極めて高く、世界の輸出に占める比率も高いドイツのようなパターンでもありません。

日本は、自国経済における輸出の割合が低く、世界市場におけるシェアも低いというのが現実ですから、日本は輸出大国ではなく、中規模の消費経済国家であると考える方が自然でしょう。この話だけでも、私たちが普段、抱いているイメージとはかなりかけ離れていることがお分かりいただけると思います。

さらに過去を遡っても、日本の輸出シェアが高かったのはほんの一瞬です。

1960年以前の日本は、敗戦の雰囲気を色濃く残した貧しい社会であり、日本企業が作る製品も「安かろう、悪かろう」といわれていました。20年くらい前の中国製のようなイメージですから、輸出シェアも低く推移していました。

しかし、1960年代に入って世界貿易に占める日本の輸出シェアは上昇を開始し、1980年代にはドイツと同レベルになったこともありました。1970年代から80年代にかけて、輸出立国としての側面が強くなっていたのは事実です。

しかし、この頃をピークに輸出シェアは減少の一途を辿っており、輸出立国としての性格を失っていきました。

1980年代が日本の製造業におけるピークだったというのは、多くの識者が指摘していますし、私たちの直感にも合っていると思います。1980年代後半のバブル崩壊をきっかけに、日本の製造業の国際競争力は著しく劣化したと考えるべきでしょう。しかし、日本経済の構造は、この現実と正反対になっています。世界貿易に占めるシェアが低下し、輸出立国としての地位が低下しているにもかかわらず、日本経済に占める輸出の割合は、その後、むしろ上昇しているのです。

輸出産業の競争力が低下しているにもかかわらず、国内経済における輸出依存度が増える理由は2つしか考えられません。

ひとつは国内経済の落ち込みが激しく相対的に輸出への依存度が高くなったこと、もうひとつは、通貨安によって見かけ上の輸出が増えたことです。実際はその両方と考えられます。

バブル崩壊以降、日本のGDPに占める輸出シェアが顕著に高まった時期が2回ありました。ひとつは2003年から2007年にかけて、もうひとつは2013年から

2018年にかけてです。

前者はリーマンショック直前の米国のバブル景気で円安が進んだ時期であり、後者は説明するまでもなく、量的緩和策による円安です。つまり近年の輸出シェア上昇は為替の効果であり、日本企業の競争力が高まった結果ではありません。

長時間労働しないと稼げない

日本の生産性の低さをもっとも顕著に示しているのは、もはや日本企業の「名物」となった長時間労働でしょう。

これまでの日本企業では、深夜まで残業するのが当たり前という雰囲気でしたが、過労自殺といった問題が立て続けに発生したことから、長時間労働に対して批判が集中。2019年4月から働き方改革関連法が施行され、無制限の残業が厳しく規制されることになりました。

日本では労働基準法などで法定労働時間が決められており（1日8時間、週40時間）、原則としてこの基準を超えて仕事をさせてはいけないことになっています。しかし、労働者と企業が協定を結んだ場合に限り、法定労働時間を超えて仕事をさせることができるという抜け道がありました。これがいわゆる36協定（サブロク協定）です。

しかし、この協定の存在が無制限の残業を強いる元凶になっているとして見直しの声が上がり、今回の法改正につながったわけです。

２０１９年4月以降は、時間外労働は月45時間、年３６０時間が上限となり、これに違反すると罰則が適用されることになりました。とりあえず法律で規制されたわけですから、残業そのものは減ると考えられますが、これで根本的な問題が解決されたわけではありません。

日本で長時間残業が横行していたのは、法律の規制が緩かったからという側面もありますが、最大の要因は日本経済にゆとりがないからです。

日本人が働きすぎだというのは１９８０年代から指摘されており、大企業を中心に労働時間の削減を実施してきたという経緯があります。２０１６年における日本の年間労働時間は１７１３時間ですが、バブル崩壊直前の１９９０年には２０００時間を超えていました。減ってはきたものの、ドイツ（１３６３時間）やフランス（１４７２時間）などと比較すると、かなりの長時間労働です。

しかも、この統計は事業所から提出された書類を元に作成されたものですから、非公式の残業、つまりサービス残業は含まれていません。日本の場合には、サービス残業が横行している可能性が高く、実際の労働時間はもっと長いと考えるのが自然でしょう。

１時間あたりに生産できる製品やサービスの量が同じだった場合、単純に労働時間を減らしてしまえば、その分だけ生産が落ちることになります。生産が落ちれば売上高も利益も減ってしまいますから、当然、賃金も下がってしまいます。

賃金を減らすことなく、労働時間を削減するには、単位時間あたりの生産量を増やす必要があるわけですが、この話こそが、まさに本書のテーマである生産性ということになります。

一部の企業は、時代に合わせてビジネスモデルを変化させることで生産性を向上させ、賃金の上昇と労働時間の削減を同時に実現しています。しかし、多くの日本企業は、大量生産・薄利多売を基本としてきた昭和型のビジネスモデルから脱却できていません。

しかも、こうした大量生産モデルは、今となっては、新興国の独壇場となっていますから、日本よりもはるかに賃金の安い国とコスト競争しなければなりません。結果として、長時間残業に依存する企業が多いという状況が続いているわけです。

働き方改革関連法の施行をきっかけに、一部の企業は残業時間を一律に削減するといった場当たり的な措置を実施していますが、これはむしろ逆効果でしょう。生産性を改善しないまま、労働時間だけを削減すれば、企業の業績は悪化し、賃金がさらに下がる可能性があります。

しかしながら、生産性を向上させるには、企業のビジネスモデルを抜本的に変革しなければならず、そのためには、人員の再配置などリストラが不可欠となります。こうした改革には多くの社員が抵抗感を示しますから、たいていの企業が場当たり的なやり方に終始しています。

日本人の働きすぎは、企業のビジネスモデルが低付加価値なままで、生産性が低いことが根本的な原因ですが、日本社会はこの問題を直視せず、安易な対策ばかりを行っており、こうした対症療法的な考え方は、日本人の休日の取り方にも如実に表われています。

一方で日本は世界でもっとも休日が多い国

先ほど、日本人の年間労働時間が長いという話をしましたが、一方で休日の数は実は先進国でもトップクラスとなっています。

日本における土日以外の祝日数は17日（2019年）ですが、先進諸外国では10日以下ということところが多く、日本の休日数は突出して多いというのが実状です。しかしながら、有給休暇の日数やその消化率という視点を加えると状況はまるで変わってきます。

日本の有給休暇は日数、消化率ともに少なく、ほとんど活用できていません。見方を変えれば、働きすぎを是正できないので、全員一斉に休みを取ることで何とか誤魔化しているともいえるでしょう。

しかしながら、先ほどから説明している通り、生産性の向上を伴わない形で、残業時間を強制的に減らしたり、休日の数を増やしたところで、仕事の総量が減るわけではありませんから、問題は一向に解決しません。それどころか、悪影響の方が多いというのが実態かもしれません。

日本の休日の多さは、金融市場では現実的な弊害をもたらしています。

日本ではゴールデンウィークの期間中、事実上、株式の取引ができなくなります。市場が閉鎖される期間が長いと、その間に非常事態が発生しても投資家は売買できませんから、長い休日そのものがリスク要因となります。つまり、休みが多い市場というのは、投資家が敬遠するようになり、ひいては市場全体に対する信頼が低下する可能性があるのです。

日本の株式市場に休みが多すぎるというのは、ゴールデンウィークなど、特殊な期間だけの話ではありません。実は通常の営業日においても、日本の株式市場は休みだらけなのです。

東京証券取引所における株取引の時間は平日9時から11時30分までと、12時30分から15時までの合計5時間しかありません。午前中の取引を前場《ぜんば》、午後の取引を後場《ごば》と読んでいますが、世界を見渡すと、昼休みがある市場というのはそれほど多くありません。主要国の市場の多くは昼休みがなく、しかも取引時間も東証より圧倒的に長いというのが現実です。

日本の株式市場は、1日の中でもごくわずかの時間しか取引せず、しかも世界でもトップの休日数となっており、市場が開いていない日が多くなっています。

日本の株式市場の地位低下が叫ばれており、対策が必要との声は年々大きくなっていますが、グローバルな投資家からすれば、休みが多すぎる市場を選択しないのは当然のことでしょう。

日本社会の雰囲気からすると、のんびりビジネスをすればよいという価値観であるはずがありません。ではなぜ、日本ではこれほど休日が多く、証券市場も休みだらけなのでしょうか。その理由は、業務にムダが多く、生産性が低いため、強制的な休みを取らないと、業務が回らなくなってしまうからと考えられます。

年中、仕事に追われているのに、一斉休日だけが突出して多いという現状は、日本社会が抱えた歪みそのものといってよいでしょう。

コンビニで過重労働が発生する理由

最近、コンビニの24時間営業の是非が大きな社会問題となっていますが、実は、この話も生産性の問題と密接に関係しています。

コンビニの24時間営業の問題が浮上するきっかけになったのは、最大手セブン‐イレブンの加盟店が、営業時間の短縮を実施し、契約内容をめぐって同社と対立したことです。

世の中では、24時間営業がすべて悪いという流れになっているようですが、それは表面的な見方にすぎません。すべての店舗において24時間営業が強制されていることが、一部のフランチャイズ加盟店の経営を苦しくしているのは事実ですが、加盟店の経営が苦しくなっている理由は別にあります。

コンビニのフランチャイズ加盟店と本部の契約内容は、店舗開設に必要な土地や費用をどちらが負担するのかなどによって異なりますが、一般的に加盟店にとってはかなり厳しい内容であり、加盟店はあまり儲かりません。

それでも市場の拡大が続いた時代には、毎年、売上高が増えますから、その分だけ利益も増加し、加盟店オーナーもなんとか経営を続けることができました。しかし、ここ数年でその状況が大きく変わっています。

２０１８年2月期決算時点でのセブンの総店舗数は2万２６０店舗となっており、5年間で何と35％も増加しましたが、1店舗あたりの売上高は同じ期間であまり増えていません。この間、客単価は上昇しているので、店舗の中には来店者数がむしろ減ったところもあるでしょう。

加盟店の売上高が伸びていないため、加盟店の利益が増加していないのに人件費が高騰したことから、一部の店舗では賃金の支払いに苦慮することになり、深夜営業が難しくなっているのです。つまりコンビニという事業の生産性が伸び悩んでおり、それに伴って加盟店の利益が減少していることが最大の問題なのです。

もしコンビニの売上高が順調に伸びていれば、つまり生産性が向上していれば、利益も増えていますから、加盟店が経営難に追い込まれることはないはずです。

コンビニの生産性が低下している原因は、店舗の出しすぎやドラッグストアなど競合業態の台頭、一部のフランチャイズ・オーナーに対して行われている不条理な契約など、様々な原因が考えられます。コンビニのビジネスについて議論するのは本書の目的ではありませんから割愛しますが、問題の本質は生産性にあるということはご理解いただけたのではないかと思います。

深夜営業や休日営業の規制についてよく引き合いに出されるのが、ドイツやフランスです。ドイツには有名な「閉店法」と呼ばれる法律があり、小売店の深夜営業や休日営業は法律で規制されています。フランスにも同様の規制があり、小売店の種類によっては深夜や休日に営業することができません。

両国とも規制緩和が進んでおり、24時間営業を実施する店舗は増えましたが、日本と比較すれば、深夜や休日に営業している店舗は圧倒的に少数です。実はこの部分がとても重要です。

特にドイツにその傾向が顕著ですが、大幅な規制緩和が行われた結果、多くの店が24時間営業に移行したのかというと必ずしもそうではないのです。法律上では規制されていなくても、いまだに深夜や休日には休む店が多数を占めています。

フランスの場合には、イスラム教徒など移民が経営する小売店を中心に、以前から深夜・休日営業が行われていましたから、実質的に不便はなかったという背景はあるものの、やはり規制緩和によって多くの店が24時間営業に移行したわけではありません。つまりフランスもドイツも、事業者側は無理に営業時間を延長するつもりはないようです。

事業者が無理に営業時間を延長する必要がないのは、ドイツとフランスの生産性が高く、基本的に企業が儲かっているからです。利益を上げることができず、生産性が低下している状態で、いくら営業時間のことについて議論しても、まともな解決策は出てこないでしょう。

生産性はたった3つの要素で決まる

これまで見てきたように、日本はすでに豊かな先進国ではなくなりつつあるのですが、その最大の原因となっているのが生産性の低さです。

生産性の問題については、すでにメディアで何度も報じられていますから、言葉そのものはよく耳にしているという人が多いと思います。しかしながら、「生産性とは何か」と真正面から問われてしまうと、案外、答えに窮してしまうのではないでしょうか。

生産性の定義が分からなければ、状況を分析することもできませんし、正しい処方箋を書くこともできません。この問題と真剣に向き合うためには、まずは生産性の定義について理解しておくことが重要です。

図4　生産性の定義

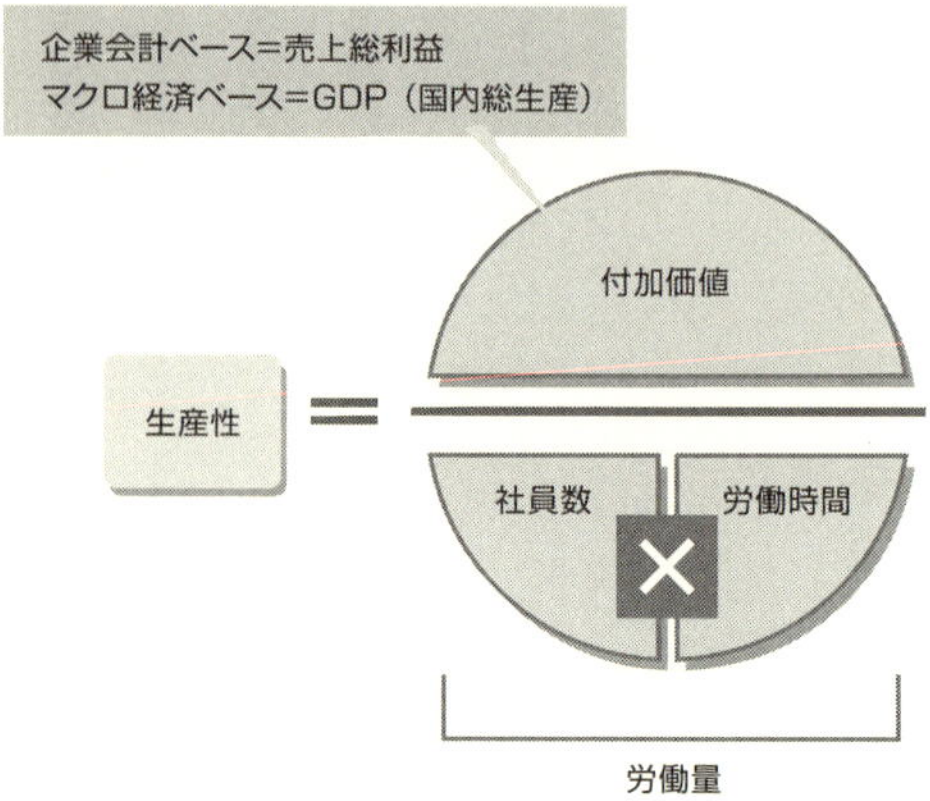

生産性というのは、企業が生み出した付加価値を労働量で割ったものです（図４）。

何をもって付加価値とするのかについては、いろいろな考え方がありますが、企業会計ベースの場合には会計上の売上総利益（いわゆる粗利益）を、マクロ経済ベースでは企業の粗利益の集大成であるＧＤＰ（国内総生産）を用いるのが一般的です。労働量については、通常、社員数と労働時間を掛けた数字を用います。つまり企業が得た利益を、社員の数と労働時間の積で割ったものが生産性ということになります。

計算式で表わすと、企業が得た粗利益（マクロ経済的にはＧＤＰ）が分子となり、労働者の数×労働時間が分母となるわけですが、生産性の定義はズバリ、これだけです。

要するに生産性というのは、①付加価値、②社員数、③労働時間という3つの要素で構成されており、言い換えれば、生産性を向上させるためには、この3つの数字のどれかを変える以外に方法はありません。

式を見ると、分子が付加価値で分母が社員数と労働時間ですから、生産性を向上させるには、分子を増やすか分母を減らすのかのどちらか、あるいはその両方となります。つまり、付加価値を上げる（利益を増やす）か、労働時間を減らすか、社員数を減らすかの3つしかないのです。

世の中には、やたらと話を難しくしたがる人がいて、これが議論を混乱させる要因となっていますが、むやみに話を難しくする行為というのは、自分には知識があることをアピールしたいという、ただのマウンティングにすぎません。

繰り返しになりますが、生産性を上げて、私たちの生活を豊かにするためには、利益を増やすか、社員数を減らすか、労働時間を減らすしか方法はないのです。ここは非常に重要な部分ですから、ぜひ覚えておいてください。

さらに分かりやすく、くだけた表現を用いるのであれば、生産性を上げるためには、より儲かるビジネスを行い、できるだけ社員数を少なくし、同時に労働時間を短くすればよいわけです。

余剰人員が別の仕事をすればＧＤＰは一気に増大する

ここで先ほど例として取り上げた、１万ドルを稼ぐために、何人の社員が、何時間労働する必要があるのかという話を思い出してください。

この式に当てはめれば、分子に相当する付加価値（利益）が１万ドルで一定だった場合、どうすれば生産性が上がるのかという話と同じことです。日米独の比較では、日本がもっともと多くの人数を投入して、長時間労働を行っていました。

もし、日本の生産性がドイツや米国並みに高ければ、その分の人材や労働時間は別の仕事に充当されることになります。新しい仕事が生まれるということですから、これはマクロ経済の定義上、ＧＤＰの拡大につながります。ＧＤＰが増えれば、国民の総所得が増加しますから、これは豊かさに直結します。

のちほど、日本企業の社内には、実質的に仕事がない人がたくさん在籍しているという問題を解説しますが、この話も、企業単体で見ればムダが多いという程度のイメージにしかならないかもしれません。しかし､経済全体にまで視点を広げると話は変わってきます。

会社で人が余り、実質的に仕事をしていない人が在籍しているということは、経済全体で見れば、その分だけ、別の生産が犠牲になっているということを意味しています。不景気のときには、モノを作ってもなかなか売れない（つまり需要がない）という事態になりがちですが、ニーズを満たす製品が作られなければ、そもそも需要を喚起しませんから、生産力が犠牲になることは経済にとって大きなマイナス要因なのです。企業というものは、できるだけムダな社員を抱えず、経済全体として、できるだけ多くの生産を行うことが豊かさの源泉となります。

この話はあくまで付加価値が各国とも1万ドルだったらという前提ですが、現実には、付加価値の金額は大きく変わってきます。仮に日本企業が、ムダな社員を抱え、長時間労働だったとしても、分子の付加価値が大きければ、その分だけマイナスをカバーできるからです。

米国は日本の2倍近くも生産性が高いのですが、労働時間は日本並みに長時間労働です。米国の生産性が高いのは、社員の数が少ないことに加え、分子に相当する付加価値が極めて大きいからです。もっと分かりやすい言葉でいえば、儲かる商売をしていることが生産性を高めています。

ドイツも米国ほどではありませんが、儲かる商売に徹していることに加え、残業など考えられないという社会風潮です。分子が増えて、分母が減少するわけですから、生産性が高いのは当たり前なのです。

米国人はテキトーに仕事をしているのになぜ生産性が高い？

以前、日本人ビジネスマンの仕事の仕方と、米個人ビジネスマンの仕事の仕方をコミカルに比較したユーチューブの動画がネットで話題になったことがありました。

日本人はデスクできちんとした姿勢で座り、電話に出るとペコペコ頭を下げながらしっかりと対応しています。一方、米国人は椅子にふんぞり返り、ダルそうに仕事をして、電話が来ると「ランチを食べてから」といって電話を切ってしまいます。

これには相当、誇張が入っていますし、会社や人によって状況は様々なわけですが、あながち間違ってはいません。多くの米国人は仕事がかなり適当ですし、細かいところは気にしないというか、非常に雑です。

しかし、日本と米国を比べると圧倒的に米国の方が生産性が高いのですが、この差は、ひとつの仕事から得られる利益の違いによってもたらされています。

米国は社会全体として、儲からない仕事は基本的にやりません。自動化できるものや、途上国にアウトソースできるものは、ドンドン外に出してしまいます。

また、業務上、意味のない作業を行うことはほとんどありません。

日本では、なぜその作業があるのか分からなくても、昔からやっているという理由だけで継続するケースがありますが、米国ではそうしたことはほぼ皆無といってよいでしょう。

付加価値の低いものはすべて外に出し、自分たちはより付加価値が高く、成果の大きいものに集中するわけです。日本では長時間残業をしている人は、がんばっていると評価されがちですが、米国ではダラダラ残業しているようではむしろクビになってしまいます。

この結果、一見テキトーに仕事をしているように見えても、日本よりもはるかに大きな金額を稼いでいるのです。

日本はすでに先進国ではないという自覚が必要

冒頭でも説明したように、日本はすでに豊かな先進国ではなくなっており、私たちはその事実を受け入れた上で、今後の対策を考える必要があります。

日本が貧しくなっている最大の原因は生産性の低さであり、これを解決しなければ、決して豊かにはなれません。生産性を高めるには、儲かるビジネスをする、人を減らす、労働時間を減らす、という3つの方法があるわけですが、次章ではこれらの方法についてもっと具体的に解説していきたいと思います。

第2章

人が多すぎ、時間をかけすぎ

ご挨拶テロをご存知ですか

第1章では、生産性というものが、付加価値（儲け）、労働時間、人数という3つの要素で構成されることについて解説しました。生産性を向上させるためには、労働時間を減らす、人数を減らす、儲けを増やす、という3つのやり方がありますが、第2章では、生産性の式における分母、つまり労働時間と人数という部分に的を絞って話を進めたいと思います。

同じ稼ぎしかないのであれば、その仕事をできるだけ短時間で、かつ少人数で実施できるようにしなければ生産性は上がりません。逆にいえば、短時間、少人数で実施できれば、それだけで生産性は上がりますし、余った人材を稼げる仕事に回すことで全体の利益を増やすことができます。これによって、さらに生産性が向上するというメカニズムが働きます。

ところが日本企業は、同じ仕事を長い時間をかけて、大人数で実施する傾向が顕著となっており、これが生産性の低下を招き、最終的には賃金を低下させる原因となっています。

日本では当たり前と思っている会社内の行動も、グローバルな視点で見た場合、奇異であるばかりでなく、生産性を引き下げるだけの意味しかない、というケースは珍しくありません。

目的のない訪問は嫌悪されるという現実に気付いていない

「ご挨拶」「情報交換」と称して相手の会社に大人数で訪問し、何かを提案したり製品を購入するわけでもなく、話だけを聞いて「いやあ、たいへん勉強になりました」と言って帰っていく。グローバル市場における、日本人ビジネスパーソンのこうした奇妙な振る舞いは非常に有名です。

一般的に日本以外の国では、目的もないのに会社を訪問し、面談することは、相手の時間（つまりお金）を奪っていることと同じであり、激しく嫌悪される行為です。これはいわゆる欧米圏でもアジア圏でも同じであり、ほぼ万国共通の価値観といってよいでしょう。

筆者はこうした行為を「バイトテロ」にちなんで「ご挨拶テロ」と呼んでいます。

2000年前後に米国で起こったネット革命によって、シリコンバレーを中心に無数の

ＩＴ企業が誕生しました。こうした流れに乗り遅れまいと多くの日本企業が現地に事務所を置いたり、現地出張を繰り返していましたが、そこで繰り広げられていたのが、この「ご挨拶テロ」でした。

日本人社員が大挙してサンフランシスコを訪れ、同市からほど近いシリコンバレーにあるＩＴ企業を訪問しては、「ご挨拶」と「質問」を繰り返すわけですが、このようなことしてもグーグルやアップルのようなアイデアが出てくるわけもなく、当然のことながら先方企業には何のメリットもありません。

しかしながら、本人たちはいたって満足顔で、よい仕事をしたという感覚を持っていました。現地調査と称する一連の日程を終了した日本人社員たちは、夜になると現地社員の案内でサンフランシスコ市内にある日本人向けのピアノバー（米国では日本人向けの、いわゆる夜のお店のことをピアノバーと呼ぶことが多い）で大騒ぎをして、日本に帰っていくだけです。

これで潤ったのは、ピアノバーで働く日本人ホステスさんと、諸外国と比べてはるかに高額な運賃で知られる日本の航空会社だけだと思います。

筆者は若い頃、シリコンバレーのＩＴビジネスに関わった経験があり、実際に米国企業から何度もクレームを受けたことがありますので、この話は決して誇張ではありません。

その後、筆者はこの業界からは遠ざかっていたのですが、近年になってアジアでビジネスをしている日本人のブログやツイッターを通じて、日本企業が今度はアジア地域で同じような行動を繰り返していることを知りました。

最近ではエストニアなど、ＩＴビジネスが活発な欧州の新興国でも同じような振る舞いをしており、中には「日本人の訪問お断り」という企業も出てきているようです。

一連の出張にかけた時間や出張費用、そして社員の人件費を考えると、この分を他の仕事に費やしていればどれだけの利益を上げることができたでしょうか。日本企業はこのようにして生産性を引き下げ、ビジネスチャンスを失っているわけです。

簡単な商談にゾロゾロと人が出てくる

こうしたムダな振る舞いは、商談に入っても同じです。

よほど重要な案件でもない限り、諸外国では商談は少人数で行われることがほとんどです。これは米国でも欧州でもアジアでも基本的な図式はあまり変わりません。しかし日本だけは例外で、部長クラスを筆頭に、課長から係長、平社員までゾロゾロと人が出てきて、名刺交換だけも一苦労です。

しかも上級管理職が商談に出席しているにもかかわらず、その場で意思決定することはできず、必ず「持ち帰って検討します」という話になってしまいます。日本のことをよく知る外国企業の社員からは、半ば呆れ顔で「It's Nemawashi」(根回しですね)と笑われる始末です。

著名な大企業の管理職ともなれば年収は1000万円を突破することも珍しくありませんが、こうした高給取りの社員が、ほとんど利益を生み出さないムダな作業に、多くの時間と労力を費やしているわけです。これでは生産性が下がるのも当たり前です。

ここで紹介したのはほんの一例にすぎません。

大した要件もないのにむやみに訪問して打ち合わせをする、メールで済むような単純な要件なのに何度も電話をかける、開催する意味が分からない会議など、日本企業はムダのオンパレードになっています。

一連のムダをマクロ的に定量化することは簡単ではありませんが、こうした仕事のやり方が広範囲に定着しているのだとすると、全体で3割くらいの仕事が収益を生み出していない可能性すらあると考えてよいでしょう。

仮に労働時間の3割を削減できると仮定すると、理屈上、日本の生産性は何と40%も向上し、米国やドイツの水準に近づくことになります。

筆者が非常に問題だと感じるのは、こうした指摘は以前から存在しており、多くの人がムダの存在をはっきりと認識していることです。

生産性の向上が求められていることも、そして、こうしたムダを無くせば生産性を向上できることも分かっているのに、どういうわけか、行動に移すことができません。考えようによっては、状況を認識できないことよりも事態は深刻といってよいでしょう。

集団訪問については、群れをなすことで安心したいという心理が働いている可能性がありますし、ムダな手続きや組織の温存は、そこに従事している社員の激しい承認欲求が関係しているのかもしれません。

もし、一連の問題がメンタルな部分によるものだとすると、状況はさらにやっかいです。

全員が改革の抵抗勢力ということになり、問題をどれだけ可視化し、処方箋を示すことができたとしても、決して実行されることはないからです。

印鑑廃止が進まない事情

ご挨拶テロと並んで、日本社会におけるムダの元凶となっているのが、ハンコや稟議に代表される煩雑な社内手続きでしょう。

印鑑が実質的にあまり機能していないとの指摘は以前から存在していましたが、それでも日本社会は印鑑が大前提となっており、なかなかこの慣習から抜け出すことができません。

印鑑届出義務の廃止が見送られた理由

社会のＩＴ化を受けて、行政手続きのオンライン化を目指す「デジタル手続き法案」が２０１９年５月に可決・成立しましたが、当初、法案に盛り込まれるはずだった、法人設立時の印鑑届出義務廃止についての項目は見送られました。印鑑の存続を求める業界団体から反対の声が上がったことが原因といわれています。

もともと日本は行政のＩＴ化にはあまり積極的ではありませんでしたが、政府もようやく重い腰を上げ、行政手続きのオンライン化に向けた取り組みを始めていました。２０１８年７月には「デジタル・ガバメント実行計画」を策定し、２０１９年の通常国会において、デジタル手続き法案が提出される予定となっていました。

ところがこの法案に待ったがかかりました。

この法案には法人設立に際して印鑑の義務化をなくすプランが盛り込まれていたのですが、印鑑の製造業者などがこの内容に強く反発。結局、自民党の部会はこの項目を削除する形で法案を了承し、押印の是非については今後の議論に委ねられることになりました。

印鑑の製造業者などで構成する全日本印章業協会など複数の団体は、デジタル・ガバメント実行計画の策定と前後する形で政府に対して要望書を提出しています。

同協会では、実行計画に盛り込まれた以下の３項目について反対を表明しています。一つ目は行政続きにおける「本人確認押印の見直し」、二つ目は法人設立における「印鑑届出義務の廃止」、三つ目は「一般的な取引におけるデジタル化の推進」です。つまり、本人確認には引き続き印鑑のみを用いるべきであり、一般的な取引をデジタル化することには反対するという主張ということになります。

具体的な政府への要望としては、「法人設立における印鑑届出義務の廃止」についての再考や、民間における手続きオンライン化推進の白紙撤回、さらには、これら実施されなかった場合、印鑑業界が受ける損失について政府が金銭的な補償をすることまでも求めていました。

ネットのニュースでこの内容が報じられると、「あまりにも時代錯誤」など、業界のスタンスに反発する声が上がりましたが、印鑑届出義務の廃止はあっけなく削除されてしまいました。

自分たちにとって都合の悪い法案成立をロビー活動によって阻止するというのは、定められた範囲内であれば誰にも認められた権利ですから、その行為自体を批判することはできません。

諸外国でもこうしたケースは散見されるのですが、日本との最大の違いは、最終的には合理性で判断されるという点でしょう。

日本人の多くはなぜ印鑑を用いているのかという点について、深く考えていません。今までやっていたからという理由が金科玉条となっており、その作業の必要性について議論することを避ける傾向が顕著です。

何のためにその道具を使っているのか?

もともと印鑑は技術が未発達な時代において、複製が難しいという理由から、本人による意思を体現できる手段として使われるようになりました。しかし加工技術が発達するにつれて印鑑を偽造することはごく簡単にできるようになり、本人であることを特定する手段としては意味がなくなってきました。

現在では重要な契約書などには実印を押しますが、実印は印章をあらかじめ登録しておくことで、ニセモノではないことを証明するための手段です。つまり印鑑を押すことが重要なのではなく、本人が特定できれば、それで目的は達成するということになります。

逆にいうと、簡易的に用いられるインク浸透印(いわゆるシャチハタ)や、印鑑登録をしていない印鑑は、実質的に意味がないという結論にならざるを得ません。さらにいえば、本人であることを特定できる手段があれば、必ずしも印鑑を使う必要ないとの結論も得られます。

欧米では契約書にはサインをするのが一般的ですが、サインは本人以外でも似たような筆跡で書くことができますから、かつては、十分な本人特定機能を持っていませんでした。しかし、筆跡を鑑定する技術が発達して、本人のものではないサインを偽造と判断することが可能になったことで、サインの持つ意味は飛躍的に高まりました。サインであれば、道具なしにすぐに書くことができますから、実務はスムーズに進みます。万が一、なりすましだった場合には、後で確実にそれを証明できます。現実にはこうした詐欺師の被害にあうケースは極めて希ですから、後で確実に証明できるのであれば、それほど大きな問題は発生しません。

最終的にはこうした状況を総合的に判断した上で、印鑑利用の是非を検討すべきなのですが、日本ではどういうわけかそのように議論は進みません。すでに存在しているものを絶対視するあまり、感情的な対立となり、結局は、声の大きい人の意見が通ってしまいます。

先ほどの印鑑の業界団体の要望書には「欧米のサイン制度と違い、代理決済（本文ママ）できるという印章の特長が、迅速な意思決定や決裁に繋がり……」という驚くべき文言が入っていました。つまり、サインとは異なり、本人確認の手段にはなっていないので、本人以外が押印する可能性があり、それによって業務が効率化できているという主張です。

本人確認のために使っている印鑑に本人確認の機能がなく、そうであるがゆえに（つまり誰でもハンコを押せるので）業務が効率化されているというロジックは、本末転倒以外の何ものでもないでしょう。

しかしながら、こうした時代の流れを否定し、従来制度の維持や、制度が変わった場合の金銭的補償を強く求める印鑑の業界団体は、果たして特殊な存在なのでしょうか。筆者はそうは思いません。

印鑑のケースは特殊ではない

日本社会では何か新しいことが起こるたびに、あちこちでこうした圧力が生じており、印鑑のケースは特段珍しいことではないからです。

日本では、多くの飲食店が規制対象から外れるなど、受動喫煙防止法が事実上、骨抜きになっており、現時点においても先進国で最低といわれる禁煙対策がさらに遅れることが確定的となりました。喫煙者はすでに少数派であり、諸外国では禁煙化の流れが確定しているにもかかわらず、いざ立法措置となると反対の声によって覆されるのが現実です。

日本の各業界には、補助金が網の目のように張り巡らされており、補助金の廃止が検討されるたびに各業界は猛烈なロビー活動を行います。大きなニュースにならないのでほとんどの人が気付いていませんが、このような光景は永田町では日常茶飯事です。

これに加えて日本の場合、こうしたムダな補助金が日本人の雇用や賃金を支えているという面があり、もしすべての業界の活動を完全に市場経済に任せれば、おそらく数百万人単位の失業者が出ることになるでしょう。

ムダな補助金や規制に賛成ですかと問われれば、ほとんどの人が反対と回答するはずですが、実際に自分の仕事に関係する話になると、皆、顔色を変えて猛烈に反対します。これを揶揄した言葉が「総論賛成、各論反対」です。

都市部から地方への資金分配についても同じことがいえます。

地方を疲弊させてよいと思っている人などいるはずがありませんが、だからといって無意味なバラマキが許容されるわけではありません。ところが現実には地域振興をタテマエにした事実上の補助金のバラマキは今も続いています。

一時期大きな話題となったふるさと納税制度も、本来、都市部に入るべき税金を地方に強制配分しているという点では、(寄付する人の気持ちが仮に純粋だとしても)制度的にはバラマキと何も変わらないでしょう。

日本は人口が減少しており、これに伴って一部の地域では商圏を維持することが難しくなっていますから、都市部に人口がシフトすることは原理的に避けようがありません。

本来であれば、都市部への人口集約がスムーズに進むよう環境整備を行い、一連の流れで転居を余儀なくされる人には、相応の補償をするという方向性で議論を進めた方がよいに決まっています。

しかしながら、現時点においても、政府は人口減少で都市部への集約化が進むことを前提にしておらず、地域振興をすれば、どの自治体でも再生できるというタテマエで政策を立案しています。こうなってしまうのも、維持が困難になる自治体からの反発が極めて大きいことが原因と考えてよいでしょう。世の中で発生している大きな流れから目を背け、逆の施策を実施することは、極めて大きなムダを発生させます。こうした施策によって日本全体の生産性が引き下げられていることに、多くの人は気付いていません。

日本には働かないオジサンが４００万人もいる

日本は深刻な人手不足といわれており、実際、多くの企業が人材の確保に苦慮していますが、これは物事の一面だけを見た話です。多くの企業ではホワイトカラーを中心に大量の余剰人員を抱えており、これが日本企業の経営に致命的な影響を与えています。

人手不足の中、著名企業が相次いでリストラを発表

このところ、メガバンク、富士通、ＮＥＣ、損保ジャパン日本興亜、コカ・コーラボトラーズジャパンホールディングスなど、いわゆる一流企業におけるリストラのニュースをよく耳にしますが、多くが45歳以上の中高年社員を対象としたものであり、各社に共通し

ているのが、大量の社内失業者問題です。

2017年末、メガバンク各行は大規模な人員削減計画を明らかにしました。三菱UFJフィナンシャル・グループは9500人分の業務量削減、三井住友フィナンシャルグループは4000人分の業務量削減、みずほフィナンシャルグループは1万9000人の人員削減となっています。

厳密にいうと、明確に人員削減に言及しているのはみずほだけで、三菱UFJが掲げた9500人というのはあくまで業務量の削減です。しかしながら、各行とも大規模な人減らしを狙っているのは明らかであり、実際、金融業界ではそのように受け止められています。

その後、メガバンク3行は、店舗削減や人員削減の数をさらに上乗せしました。三菱UFJは2019年5月、業務量の削減についても、当初の9500人分から1万人分に増やし、組織のスリム化をさらに進めたい意向です。

三井住友も同じタイミングで、業務削減量を当初計画の4000人分から5000人分に拡大。3行の中ではもっとも業績が低迷しているみずほは、3カ年だった中期経営計画を5カ年に延長し、店舗数削減の見通しについても、従来の100店舗から130店舗に拡大する方針を明らかにしています。

銀行だけでなく保険業界も似たような状況です。

損保大手の損害保険ジャパン日本興亜は2019年6月、2020年度までに国内損保事業の従業員数を4000人削減する方針を明らかにしました。同社の国内保険部門には、約2万7000人の社員が在籍していますが、これを2万3000人まで減らします。

損保ジャパンの場合、グループ会社に介護サービス事業を抱えており、一部の余剰人員は介護会社に転籍する可能性があるとしています。つまり、これまで保険の営業をやっていた人が、社内転職で介護職員になる可能性もゼロではないということになります。

IT大手の富士通も、グループ全体で5000人という大規模なリストラ計画を発表していますが、45歳以上の社員を対象に、希望退職に加えてグループ内の配置転換を促すそうです。具体的には、人事、総務、経理など、間接部門の業務に従事していた社員を、営業やSE（システムエンジニア）などの収益部門に異動させる措置が検討されています。

一連のリストラ計画に、中高年社員の配置転換が盛り込まれていることの背景には、従来の人事システムが制度疲労を起こしており、大量の社内失業者が発生しているという現実があります。

働かないオジサンをなくせばＧＤＰは数十兆円も増える

ここ数年、日本では人手不足が深刻な状況であるといわれてきましたが、すべての分野において人が足りないわけではありません。もっとも人手不足が深刻なのは、小売店や外食チェーン、運輸、介護など、若い世代の労働者を大量に必要とする業界です。一方で、事務職を中心に、企業内には大量の中高年ホワイトカラーが余っています。

リクルートワークス研究所の調査によると、日本企業の内部には、実は４００万人もの社内失業者が存在しており、２０２５年には５００万人近くになる見通しです。これは何と全従業員の１割にも達する数字です。

時代の変化で新しい人材が必要となり、採用を増やしているものの、スキルが合わなくなった社員を抱えたままなので、日本企業の総人件費は増大する一方というわけです。

人事異動を行うにしても、新業務に必要とされるスキルと本人が持つスキルが一致しないため、社内の異動には限界があります。結果として、事実上、仕事がない状態で社内の各部署に人材が埋もれてしまうことになります。これを揶揄した言葉が、いわゆる「働かないオジサン」です。

一連の話は、生産性の定義に当てはめて考えた場合、極めて深刻な影響を日本経済に及ぼしています。

全従業員の1割が余っているということは、単純計算で労働者数を1割削減できるということであり、それだけで生産性を10％以上向上させることができます。さらにいえば、その1割が別な仕事に従事すれば、日本の生産力を1割増やすことができます（需要が存在すると仮定した場合）。

現時点における日本のＧＤＰ（国内総生産）は５５０兆円ですから、何と数十兆円の効果が期待できる（逆にいえば、数十兆円の損失を抱えている）話です。

年功序列のシステムがいよいよ機能しなくなった

では、なぜ日本の会社にはこれだけの社内失業者が存在しているのでしょうか。実は、大量の社内失業者を生み出す根本的な原因となっているのは、終身雇用制度と年功序列の賃金体系です。

日本の労働法制上、企業は自らの都合で簡単に社員を解雇できないため、一度、雇った社員は半永久的に雇用する必要があります（中小企業では実質的な解雇が行われていますが、大企業ではそうはいかないでしょう）。市場の変化にすぐに対応できる社員は限られますから、どうしても人材のミスマッチが生じてしまうわけです。

全員が一律に昇進するのではなく、業務や能力に応じた給与体系になっていれば、ずっと現場でよいという社員も出てくるので、仮に終身雇用であっても企業の負担はそれほど重くなりません。しかし、基本的に全員が年次で昇進し、形だけであっても管理職に登用されるシステムのままでは、賃金が高く、現場の作業を忘れてしまった大量の中高年社員が出現するのは必然といってよいでしょう。

こうした社内失業の問題は、実は社会的にも深刻な影響を与えています。

安倍政権は産業界からの強い要請を受けて、大量の外国人労働者受け入れに舵を切りました。保守を自認する安倍政権が事実上の移民政策を推進するというのは奇妙な話ですが、法律が施行された以上、今後、現場における外国人労働者の比率は確実に高まることになります。

日本では、2019年時点において140万人以上の外国人労働者が働いており、受け入れ拡大に伴って新たに入国する外国人は年間数万人といわれています。しかし、先ほど説明したように企業内には何と400万人もの社内失業者が存在しているのです。

外国人労働者が担っている業務を、社内失業者がそのまま引き継げるとは思いませんが、数字上は、社内失業者が労働市場に出てくれれば、人手不足などすぐに解消するレベルの話というのが偽らざる現実です。

企業というのは、そもそも自ら新陳代謝していく存在であり、人材の入れ換えなしに時代の変化に対応するのは困難です。諸外国の成長企業は常に人材の入れ換えを行っており、これが競争力の源泉になっていることは明らかといってよいでしょう。身近なケースを想像してもらえば分かると思いますが、何十年も同じメンバーで同じような仕事を続けている組織において、イノベーティブな発想が生まれてくる可能性は限りなく低いでしょう。

ところが日本企業は、同じ人材だけで変化の激しいこの時代に対応しようとしており、常識的に考えてこの仕組みがうまく機能するとは思えません。

このところ日本企業の国際競争力が著しく低下していますが、こうした雇用制度が大きく影響しているのは間違いありません。

日本企業は人を増やしてばかり

過去10年、日本企業全体の売上高はほとんど伸びていません。

この話は日本のＧＤＰ（国内総生産）がほぼ横ばいで推移してきたことと符合しています。同じ期間で諸外国の企業は業績を拡大しており、それに伴ってＧＤＰも大幅に拡大しました。日本だけが世界から取り残されていることは、すでに多くの人が気付いていることと思います。

売上高が減っているのに最終利益が増えている理由

企業経営の一般論として、売上高が伸びないと利益も拡大しません。

同じ体制で前年よりも多くの製品やサービスを供給できれば、売上高が増え、その分だけ粗利益（売上高から仕入れ、もしくは製造原価を差し引いた利益＝売上総利益）も増加します。企業は粗利益の中から、人件費や設備投資といったコストを捻出しますから、コストが変わらなければ、売上高の増加は営業利益を拡大させる効果をもたらします。

ところが日本の場合、肝心の売上高が拡大していないので、企業の利益も増えないはずですが、企業の利益率は年々高まっています。

２０１８年３月期における日本企業全体の売上高に対する当期利益率は４・０％でしたが、10年前の２００８年３月期は１・６％しかなく２倍以上に利益が拡大しています。売上高が伸び悩んでいるにもかかわらず、利益が増えているということは、コストカットを進めたからにほかなりません。

同じ期間で日本企業は仕入れの原価を３・５ポイント下げています。下請けなどへの値引き要求を厳しくしたり、品質を下げた原材料を調達することでコストを削減した可能性が高いでしょう。

日本企業の利益が増加したことについて、人件費を大幅に減らすことで利益を捻出しているとの批判もあるようですが、必ずしもそうとは言い切れない部分があります。確かに従業員の実質賃金は伸びていないのですが、従業員の数は増えているからです。

過去10年間で日本企業は売上高が伸びていないにもかかわらず、従業員の総数を3％も増やしています。その間、従業員の平均年収は変わっていないので、総人件費はその分だけ増加しました。つまり、人件費全体で見れば、コストカットどころかむしろ増加しているというのが実態なのです。

では日本企業はなぜ売上高が伸びていないのに積極的に社員を増やしているのでしょうか。その理由は先ほど説明した通り、企業が抱えた余剰人員を外部に放出できないからです。その結果として、400万人もの社内失業者を抱える結果となってしまいました。

第1章において、日本企業は同じ金額を稼ぐために、米国企業やドイツ企業よりも多くの人員を投入しており、これが生産性を引き下げているという現実について説明しましたが、従業員の数を一方的に増やしているわけですから、生産性が下がるのも当然の結果です。

減税というゲタを履かせている

さらにいうと、近年の日本企業は減税というゲタを履かせられており、これが企業の経営者を甘やかしているという側面があります。

安倍政権は猛烈な勢いで企業に対する減税を実施しています。これまで法人税制については、細かい改正は行われていたものの、法人税の基本税率に大きな変更はありませんでした。ところが安倍政権は、法人税の減税を繰り返しており、日本の法人税の基本税率はすでに20％台前半まで下がっています。

しかも、日本には租税特別措置という仕組みがあり、大企業を中心に相当な金額の法人税を免除されているのが実態です。

租税特別措置とは、特定の業種や企業に対して法人税を優遇する制度で、この適用を受けた件数は約１８０万件（２０１６年度）もあり、特定企業や業界に適用が集中するケースが多くなっています。この制度が一種の利権になっているとして、以前から見直しの声が出ていましたが、状況はあまり変わっていません。

安倍政権になってここまで減税が進んだ背景には、政権による度重なる賃上げ要請があります。

安倍政権は量的緩和策を政策の主軸に据えていましたから、何としてもデフレ脱却を実現する必要に迫られていました。このため、経済界に対して異例ともいえる賃上げ要請を何度も行い、経済界は渋々これに応じてきたのです。

企業への要求はこれだけにとどまりません。

安倍政権は、公的年金の積立金運用に関して、国債を中心とした安全第一の運用から、株式を中心としたリスク運用にシフトしました。その理由は、公的年金の財政が悪化しており、株式投資によってより高い運用益を獲得することで、年金財政を少しでも改善させるためです。

こうした経緯があり、安倍政権は、積立金の運用益を増やすため企業側に増配を強く要請。コーポレートガバナンス改革を実施し、株主還元を強化せざるを得ないよう外堀を埋めました。経済界はこれらの要求を受け入れる代わりに、減税を強く求め、結果として大規模な法人減税が実現したわけです。

一般的に減税は企業活動を活発にする効果がありますが、今の日本の状況では、むしろ逆効果となっています。減税によって見かけ上、企業の当期利益は増えますから、企業の経営者はラクに業績を拡大することができます。

過剰な人員を削減するという話になれば、大きな痛みを伴います。年功序列で社長に昇進し、自分の任期をトラブルなく過ごすことばかり考えている経営者にとって、こうした措置はできるだけ実施したくありません。

その結果、企業体質の肥大化が進み、これがジワジワと生産性を引き下げているのです。売上高が伸びず、人件費も削減できないので、品質を下げ、税金を安くしてもらって何とか利益を捻出しているというのが今の日本企業の姿です。

人余りと人手不足が同時進行

日本企業が過剰な人材を抱えており、これが日本の生産性を引き下げているという話をしてきましたが、一連の問題は、イノベーションの進展と労働者のスキル向上にマイナスの影響を及ぼしています。

人手不足と人材余剰が同時発生しているＩＴ業界はまさにその典型であり、日本社会の縮図といってよいものです。

人手不足なのに余剰人員が発生する理由

経済産業省が行ったＩＴ業界における人材の需給動向調査の結果は、業界関係者にちょっとしたショックを与えました。

同省の調査によると、ＩＴ人材に対する需要の伸びを年平均２・７％、労働生産性の伸びを０・７％と仮定した場合、２０３０年には約45万人のＩＴ人材が不足するそうです。

今後、社会のＩＴ化はさらに進むので、ＩＴ人材に対する需要が２・７％平均で伸びるというのは妥当な予測といってよいでしょう。一方、本書のテーマでもある日本の労働生産性は他国と比較すると低く、これはＩＴ業界にとっても同じなので、生産性の伸びを０・７％に設定したのも現実的といえます。こうした状況が続けば、他の業界と同様、ＩＴ業界も人手不足が当分の間、続くことになります。

一方、同省では、条件を変えた別の試算も行っており、その結果は驚くべきものでした。

ＩＴサービス市場について従来型ＩＴサービス市場と先端ＩＴサービス市場に分け、それぞれの市場ごとに人材需給について分析したところ、大きく異なる結果が得られました。ちなみに従来型ＩＴサービスというのは、ＩＴシステムの受託開発、保守・運用などを行う、現在、主流となっているＩＴサービスのことを指しています。一方、先端ＩＴサービスというのは、ＩｏＴ（モノのインターネット）やＡＩ（人工知能）など、新しい技術を活用したＩＴサービスと定義しています。

試算によると、すべてのＩＴ人材の中で、新しい技術にシフトできる人の割合が１％しかいなかった場合、先端型人材は55万人不足し、従来型人材は逆に10万人も余剰になるそうです。

もしこのような状況に陥った場合、深刻な人手不足と余剰人員の問題が同時発生することになります。

この試算では、年間４％程度の人材が、新技術にシフトできれば、人材の余剰は発生せず、人手不足も緩和されるとしていますが、４％の人材を常に新技術にシフトさせるのはそう簡単なことではありません。

ＩＴ業界では、以前から技術標準が変わるたびに、技術者がそれに対応できないという問題に直面してきました。汎用機（いわゆるメインフレーム）が主流だった時代にはＣＯＢＯＬと呼ばれる言語が使われていましたが、ＣＯＢＯＬを習得した技術者のうち、かなりの割合が、Ｃ＋＋やＪａｖａといった新しい言語に対応できませんでした。

今の時代はさらにイノベーションのスピードが速くなっていますから、こうしたギャップはさらに激しいものとなるでしょう。従来以上に技術者のスキル向上が難しくなるという現実を考えると、１％の人材しか新技術にシフトできないという前提も大げさではないと筆者は考えます。

この話はＩＴ業界だけにとどまるものではない

実はこの話はＩＴ業界だけにとどまるものではありません。イノベーションの進展が仕事に大きな影響を及ぼすというのは、ＩＴを利用する側にとっても同じことです。

従来の情報システムは、あくまで大量のデータ処理が目的であり、システムの設計や維持はシステム部門に任されていました。しかし、これからの時代は、ビジネスモデルとＩ

Tが直結するのはごく当たり前のこととなり、新規事業の立案とシステムの構築が同じ次元の話となってきます。これに加えてAIを用いた業務の自動化によって、単純な事務作業に従事する人材は不要となりつつあり、時代の変化に対応できないビジネスパーソンはたちまち、余剰人員となってしまいます。

金融業界では、既存業務をRPA（ロボティクス・プロセス・オートメーション）を使って自動化するという流れが加速しており、社会全体としては人手不足であるにもかかわらずリストラが進んでいます。

金融機関は業績低迷に苦しんでいる業界ですが、好業績のソフトバンクグループにおいても、業務自動化で余剰となった6800人の配置転換を計画しているという現実を考えると、この流れは業種や経営状況とは無関係と考えた方がよいでしょう。今後はあらゆる業界で、人手不足と余剰人員の問題が同時発生するでしょう。

先ほどから筆者は、日本企業は大量の余剰人員を抱えており、これが生産性を引き下げる原因のひとつになっていると説明してきましたが、余剰人員と必要な人材を分けるカギとなっているのは、スキルの差であることが、この調査を見るとよく分かります。

イタリアは5人に3人が無職なのに豊か

組織の中で人が余っている状況を放置し、その人材を有効活用しないと、経済全体に深刻な影響が及びます。最終的には社会の豊かさにも大きく影響してくることになります。

社会の豊かさをもっとも的確に示す指標は1人あたりのGDP（国内総生産）ですが、この指標については「本当の豊かさは測れない」の意見もあります。しかしながら、それは単なる思い込み、あるいはそうあってほしいという願望でしょう。現時点において、1人あたりのGDPほど的確に社会の豊かさを数値化できる指標はありません。

海外に行ったとき、たいていの人が、空港から出た瞬間にその国がどの程度、豊かなのかすぐに実感できると思います。人間の五感というのはたいしたもので、建物や道路などの各種インフラや走っている車、人々の服装などを総合し、あっという間にその地域の経済水準を推測することができます。実際に試してみるとよく分かると思いますが、空港を出てすぐに感じた私たちの直感と、その国1人あたりのGDPの数字はおおよそ一致しているはずです。

日本の1人あたりGDPはかつて世界2位になったこともあり、以前の日本社会はかなり豊かでした。しかし、日本は年々順位を落としており、今となっては先進7カ国で下から2番目となっています。

先進7カ国で唯一、日本と同レベルとなっているのがイタリアですが、どういうわけかイタリアは日本から見るとかなり豊かに見えます。

1人あたりのGDPが日本の1・6倍もあり、大卒の初任給が50万円を超えることも珍しくない米国や、社会保障が充実しているドイツやフランスが豊かであるのは当然だとしても、数字がよくないイタリアが、なぜ日本よりも状態がよく見えるのでしょうか。

もちろんイタリアにも失業や貧困など様々な問題があり、欧州の中では問題児とされていますが、それでも日本より事態が深刻であるとは思えません。実際、イタリアの相対的貧困率は13・7％と日本よりも低い状況です。

イタリアの状況がそれほど悪くないのは、企業の生産性が高く、社会全体として効率よく稼ぎ出す仕組みが出来上がっているからです。

イタリアでは多くの人が無職

イタリアの1人あたりGDPは日本よりも低い状況ですが、1人あたりのGDPというのはGDPを総人口で割った数字なので、稼ぎを得るために働いている人の数は関係しません。

日本は1億2700万人の人口に対して、仕事をしている人は6400万人を超えています。総人口に対する就業者の割合は50％を超えており、これは先進国としてはかなり高い数字です。

子どもや高齢者、病気を抱えている人は労働していないという現実を考えると、日本の場合、働ける人はほぼすべて働きに出た状況といってよいでしょう（こうした数字からも、専業主婦という存在はもはや幻想にすぎないことが分かります）。

しかしながらイタリアの場合、5900万人の人口に対して働いている人はわずか2300万人であり、就業者の割合は40％以下となっています。

要するにイタリアでは、5人に2人以下しか働いていないわけですが、このわずかな労働者の数で、日本に近い富を稼ぎ出していますから、仕事をしている人の生産性は極めて高いということになります。

実際、イタリアの労働生産性は日本と比較すると高い数字です。日本生産性本部の調査によると、1人あたりの労働生産は、日本が8万3000ドルだったのに対して、イタリアは10万3000ドルでした。(どちらも購買力平価ベース)。少ない人数で効率よく働き、残りの人は仕事をしないで生活するというのがイタリア流ということになるでしょう。

イタリアは若年層の失業率が高いことでも知られていますが、国全体として日本に近い稼ぎを得られているのであれば、無理に労働する必要はなく、これが失業を長期化させている面もあると思います。

生産性の低さを認識しないと介護制度にも影響が及ぶ

生産性の違いは、高齢化社会において避けて通ることができない介護の問題にも大きく影響してきます。日本の介護制度がうまく機能していないのは、生産性に対する基本的な認識が誤っているからです。

イタリアは欧州の中では家族主義的な傾向が強く、前近代的な風習を残してきました。北欧では完璧な福祉制度が確立しており、高齢者のケアもすべて個人単位となっていますが、イタリアの場合にはカトリック圏ということもあり、家族が面倒を見る比率が高いといわれます。

家族が高齢者の面倒を見るという点では日本と近い部分がありますが、イタリアの場合には、日本とは比較にならない数の無職の人たちがいます。

人口の6割が働いていない状況であれば、家族や親類の誰かが介護できる可能性が高いですから、老人のケアは日本ほど大きな問題にはなりにくいわけです。

欧州の場合、北欧やドイツなどプロテスタント圏を中心に発達した「自立した個人として豊かさを実現する」という考え方と、南欧カトリック圏を中心とした「家族主義的に相互ケアする」という考え方の2種類があると解釈できます。

北欧やドイツでは、就業率も生産性も高く、個人が責任を持って自己の経済力を確立するシステムになっています。特に北欧の場合は、国民負担が大きい分、福祉はすべて政府に任せることができるという話は、多くの人が知っていることでしょう（精神的な満足度はともかくとして)。

一方、イタリアでは、働ける人だけが効率よく働き、残りはあまり働かないシステムですから、家族や親類の中で手が空いている人が、介護などの諸問題に対処していると考えられます。

ところが日本の場合、北欧やドイツ並みに就業率が高く、全員が労働するという状況ですが、生産性が低いので、余剰の富で福祉をカバーすることができません。一方、就業率が高すぎるため、手が空いている人がおらず、家族が介護することにも限界があります。現実には、政府による福祉制度に頼れないので、家族が介護せざるを得ず、これが貧困を招いているケースが多いと考えられます。

企業が多くの余剰人員を抱え、生産性が低いことは、ビジネス上の問題として捉えられがちですが、それだけではありません。

経済圏全体では、必要な分野に人が配置できないという事態を引き起こし、社会保障の分野にまで大きな影響を与えているのです。

日本は実はパソコンが普及していない

２０１９年10月の消費増税では、食料品などの税率を８％に据え置く軽減税率が導入されました。軽減税率そのものについては、賛否両論がありましたが、日本における軽減税率の議論は諸外国と比較するとかなり特殊なものだったといってよいでしょう。

その理由は、日本では軽減税率の是非以前の問題として、パソコンが普及していないため、物理的に軽減税率の導入が困難という状況が続いていたからです。

税率が複数設定されると計算が複雑になる

欧州では日本の消費税に相当する付加価値税が導入されており、軽減税率の制度もありますが、その基礎となっているのがインボイス方式と呼ばれる処理方法です。

インボイスとは、ある企業が商品を販売した際に、販売先の企業に渡す適格請求書のことを指します。商品ごとに価格と税率が記載されることになりますから、どの商品が10％の通常課税で、どの商品が８％の軽減税率なのか一目で分かります。

消費税は、消費者が支払う税金ですが、実際には商品を販売した事業者が代理で税金を支払います。

例えば、ある小売店が消費税10％で１００円の商品を売った場合、商品代金の１００円に加えて、消費税分10円を加えた１１０円を客から受け取ります。一方、この小売店は問屋から70円で商品を仕入れたとすると、小売店は問屋に対して消費税10％分の７円を上乗せした77円を支払うことになります。

顧客から10円の消費税を受け取り、問屋には７円の消費税を支払っているので、最終的には差額の３円を消費税として納めることになるわけです。

もしすべての商品で税率が同じであれば、総額で差分を計算すれば大丈夫ですが、商品ごとに税率が異なる場合にはそうはいきません。

この問題を解決するための仕組みがインボイス方式です。

各事業者に対して、商品名や数量、税率、などを記載した請求書の発行を義務付ければ、事業者はこの請求書に基づいて、支払った消費税の額を計算し、顧客から受け取った消費税の金額から差し引く（控除する）ことで、正確な消費税額を計算できます。これらの記載要件を満たした請求書のことをインボイス（適格請求書）と呼びますが、請求書をインボイスに限定すれば、異なる税率でも正しく納税することができます。インボイスには事業者の登録番号や取引の固有番号なども記載されるので、税務調査などの際にも、手間をかけることなく調査できるというメリットもあります。

パソコンが普及していないのでインボイスが導入できない？

インボイス方式はもっとも透明性が高い方式であることに加え、欧州での実績もあり、消費税の導入当時から何度も議論が行われてきました。しかし日本ではなかなかインボイス方式の導入を決めることができませんでした。

その理由は、日本ではパソコンが普及しておらず、インボイスを発行する事務手続に小規模な事業者が対応できなかったからです。対応できないところは放置すればよいではないかと考えた人もいると思いますが、そうもいかない事情があります。

日本の消費税には免税事業者という制度があります。それは一定要件を満たすと消費税を納めなくてもよいというもので、主に零細事業者に適用されています。

この免税制度は消費税がスタートしたときから存在していますが、この制度が導入された背景のひとつには、零細事業者の場合、パソコンが普及しておらず、品目ごとの細かい税額の計算が難しいという事情がありました。

総務省が行った２０１４年の個人企業経済調査によると、日本国内には個人経営による零細な事業所が約２４０万ほどありますが、事業所でパソコンを使用している割合は、もっとも高い卸・小売でも43・6％、宿泊・飲食ではわずか20・1％しかありませんでした。つまり多くの事業所でパソコンを使うことができない状況にあり、煩雑な事務処理に対応するのは難しいというのが現実なのです。

この状態でインボイスの処理が義務付けられた場合、インボイスを発行できない事業者は、取引から排除されてしまう可能性があります。これも自由競争と考えれば致し方ありませんが、先ほどの総務省の調査からも分かるように、日本の場合、ＩＴに対応できない零細事業者が多すぎて、これらを排除してしまうと、経済が回らなくなるという深刻な事情があったのです。

このためインボイス方式の導入は遅れに遅れ、今回の10％増税のタイミングでようやく実現することになりました（実際には経過措置があり、２０２３年からインボイスによる処理が始まります）。

日本のパソコン普及率は異様に低い

日本政府は、かつてe-Japanといった政策を掲げ、ＩＴ大国を目指す方針を打ち出したこともありましたが、結果はかなりお粗末な状況で、軽減税率の導入も難しかったというのが現実です。

逆にいえば、多くの事業所が手書きで請求の処理をしているということになりますから、相当な労働力がこの作業に費やされていることになります。これでは生産性が上がらないのも無理はありません。

意外に思うかもしれませんが、パソコンの普及率を体系的にまとめた調査というのは存在していません。しかしながら、パソコンの年間販売台数や平均的な利用年月、人口などから、おおよその普及率を推定することは可能です。実際に普及率を推定してみたところ、驚くべき結果が得られました。

米国では人口1人あたり約1台のパソコンが普及しているのに対して、日本は1人あたり0・5台しかパソコンが普及していません。つまり米国と比較するとパソコンの普及率は半分しかないのです。英国は1人あたり0・8台、フランスも1人あたり0・7台ですから、日本は米国はもちろん、欧州にも大きく遅れを取っていることが分かります。パソコンがなければ、基本的に手作業に頼らざるを得ない状況ですから、当然、生産性は大きく下がることになります。

日本における零細事業者の経営者は約7割が60歳以上の高齢者ですから、パソコンが普及していないのは年齢的な問題と思われがちです。しかし、日本においてパソコンの普及率が低いのは、高齢の零細事業者だけではありません。若年層についても、欧米に比べて極端にパソコンの保有率が低いことで知られています。

OECD（経済協力開発機構）の「国際成人力調査（PIAAC2012）」によると、日本において、16歳から24歳までの若者が職場や家庭などでパソコンを利用する頻度は、OECD加盟国の中では最低水準でした。同機構が実施している学習到達度調査においても、学校や家庭でコンピュータを使える状況になっていると回答した生徒の割合は、ほとんどの質問項目において47カ国で40位以下にとどまっています。

内閣府が行った国際比較調査でも同じような結果が出ており、日本の13歳から19歳の子どものパソコン保有率は先進国中では突出して低く、約7割がパソコンを保有していません。

日本ではスマホが普及しているので問題ないという意見もあるようですが、この話にはあてはまりません。なぜなら、先進諸外国では日本と同様、スマホも普及しており、これに加えて大半の人がパソコンやタブレットも保有しているからです。個人的なコミュニケーションはスマホで、知的活動はパソコンでという使い分けが出来上がっていると見てよいでしょう。

諸外国の学校教育がパソコン保有を前提としており、宿題も電子的に提出させるケースがあることを考えると、この落差はかなり激しいといってよいでしょう。

ＩＴを使いこなせないと、同じ仕事をより多くの人手をかけて実施する必要があり、必要な社員数が増えてしまいます。生産性の式に当てはめれば、分母の社員数が増えるという話ですから、これは生産性を引き下げる要因となります。

生産性の定義上、ＩＴを使いこなさなければ生産性が下がるのは当たり前のことであり、日本は当然の結果として生産性が上がらず、豊かになれないというのが実態なのです。

電話オジサンの末路

パソコンの普及率が低いという問題は、使い慣れたツールへの依存性の問題と密接に関わっています。慣れ親しんだやり方やツールに依存する傾向が強いと、時代の変化を忌避するようになり、業務のプロセスが刷新されません。当然のことながら、生産性はどんどん落ちていきます。日本では電話や電子メールについても似たような状況となっているようです。

使い慣れたツールから脱却できない人が多すぎる

ここ数年、若い社員と中高年社員との間で電話論争ともいうべき状況が続いています。電話を使いたがらない若者に対して、やたらと電話を使いたがる中高年社員が苛立っているという図式ですが、この話を単なる世代間論争にしてしまうと物事の本質を見誤ると筆者は考えています。

中高年ビジネスパーソンの名誉のためにいっておくと、いつの時代も一定数のビジネスマンが新しいテクノロジーについていけなくなります。

今の中高年世代は、今の老人世代から「手紙の書き方を知らない」「字が汚いのはダメ人間だ」などとさんざん罵倒されており、当時の若者（今の中高年）は、上の世代に対して、時代についていけない人たちだと反発していたのです。実際、ワープロ専用機やパソコンが普及するにつれて、きれいな字を書けないことがビジネス・スキルの欠如とはみなされなくなり、老人世代の主張はいつの間にか消えてしまいました。

ところが、時代の最先端を行っていたはずの若者が中高年となった今、かつての中高年と同じように、下の世代から激しい突き上げを受けています。これは何を意味しているでしょうか。

人は若い頃に慣れ親しんだツールへの高い依存性があり、かなりの割合の人が、その依存性から抜け出せないのです。今の若者世代もおそらく同じと考えられます。20年後には今とはまったく異なるコミュニケーション・ツールが登場している可能性が高いですが、現在、20代の若者が40代になったとき、その大半が新しいツールについていけず、今と同じように、未来の若者世代に対して説教をしている可能性が高いでしょう。

各国にも似たような傾向があり、時代の変化に対応できる人とできない人に分かれます。しかし、諸外国と比較した場合、日本では変化に対応できない人の割合が高いという印象が拭えません。

米国の場合、地方の中小企業でも、当たり前のように各種クラウド・サービスを使って業務のデータをやり取りしていますし、すでにFAXというものはほぼ消滅しています。定常的なやり取りはメールで行い、込み入った話題のときのみ電話というルールもほぼコンセンサスが得られているよう見えます。

一方、日本では基本的に電話でのやり取りしかしないというビジネスパーソンも多く、FAXはいまだに健在です。電話に強く依存したビジネスパーソンが多いことも、日本の生産性が低い要因のひとつと考えられます。

ではなぜ、電話への依存度が高いと生産性が下がるのでしょうか。

同期通信である電話は暴力的

相手と通信するためのツールには様々なものがありますが、コミュニケーションの取り方という部分に着目した場合、2つの種類に分類することができます。ひとつは同期的なツールで、もうひとつは非同期的なツールです。

同期的というのは、お互いがコミュニケーションを取る際に、同時刻にそのツールを使わなければならないタイプのものです。電話は同じタイミングで電話に出ないとコミュニケーションができませんから、同期ツールの代表といってよいでしょう。

一方、手紙や電子メールは相手と同じ時刻に利用する必要はありません。自分が見たいときに見て返事を返すことが可能です。もはや生活インフラにもなっているＬＩＮＥに代表されるメッセージング・ツールは、同期、非同期、両方の性質を持っています。チャットのように使えば同期ツールになりますし、電子メール的に利用するなら非同期ツールとみなしてよいでしょう。

かつて電話がコミュニケーションにおける中核的存在とされたのは、タイムラグがない状態で通信できる一般的な通信手段が、電話しかなかったからです。つまり、同期、非同期という複数の特性を持ったツールの中から選択された結果ではないということに、注意する必要があります。

ところが電話を使うのが当たり前になってしまうと、こうした事情を忘れてしまうか、そこに考えが及ばなくなってきます。

若年層の多くは、電話について一種の迷惑ツールだと考えています。

電話は同期通信を相手に「強要」するものであり、電話をかける人は、電話を受ける人の状況などお構いなしに一方的に割り込んでくるというのがその理由です。

電話が持つ同期性という特徴を考えると、こうした指摘は確かにその通りで、電子メールやメッセージングなど、異なる特徴を持った複数のツールが併存している現状を考えると、絶対に電話を使わなければならない場面というのはそれほど多くないことが分かります。

具体的には、「緊急性が高く相手に割り込んででも連絡する必要がある場合」や「立場の高い人が低い人に一方的に連絡する場合」（あまりよいこととはいえませんが、相手が部下や立場の弱い取引先などの場合、電話に出ざるを得ないでしょう）、あるいは「話が込み入っていて議論が必要な場合」「文字ではどうしても感情を伝えられない場合」といったところになるでしょう。

プライベートな話は別にして、日常的なビジネスシーンにおいて、この条件を満たす場面というのはそれほど多くありません。

これに加えて電話は記録が残りませんから、大事な要件の場合、電話の最中もしくは切った後にメモを取るという追加作業が必要となる場合があります。日時など重要事項の行き違いを防ぐため、電話の後に確認のメールを送ることもあるでしょう。こうした余分な作業の積み重ねは、実は生産性に大きく影響してきます。ひとつの作業は短時間でも、これが半年、1年になると大きなコストとして重くのしかかってくるのです。

電話に強く依存した人がいると、すべての要件を電話で済まそうとしますから、お互いの時間が同時に空くまで、何度もやり取りが続くことになります。また事実関係の確認が必要な要件を電話で済ませてしまうと、ほぼ確実に行き違いが生じ、その後、何度も連絡を取り合う必要に迫られます。

これらに費やす時間は、実は組織全体では膨大なものとなっており、確実に生産性を低下させています。これに加えて近年はＡＩ技術の発達で電話そのものの概念も変ろうとしていますから、電話への過度な依存を改善できないと、さらに大きな損失につながる可能性も否定できません。

電話しか使えないと、そのうち相手はＡＩになってしまう

先日、電話の役割が決定的に変わったことを示す、驚くべき発表がありました。米グーグルがＡＩ（人工知能）を活用し、自分に代わって電話をかけるサービスをスタートしたのです。

グーグルが開発した新しいＡＩは、レストランや美容院などに自動的に電話をかけ、電話に出た（人間の）店員と会話して予約を入れるというものです。

以前、行われた英語版デモは世界中のビジネス関係者を驚かせました。ＡＩの会話があまりにも人間らしいものだったからです。

ＡＩは、事前に知らされなければ、会話をしている片方がＡＩであるとはまったく気付

かないレベルで店員と会話を行い、話の途中では、「Mm-hmm」（相づちを示すくだけた英語表現）と返すなど、少々、気味悪ささえ感じるものでした。

グーグルがこのサービスを開発した理由は、予約システムなどのＩＴインフラを整備できない零細飲食店でもＩＴサービスの恩恵を受けられるようにするためです。全員がＩＴ化できるわけではないので、ＩＴ化ができていない相手に対しては、ＡＩが擬人的に接することで同じ効果を得ようという趣旨です。

この話は、先ほどの電話に容易に結び付けて考えることができるでしょう。

新しいＩＴツールに対応できない人は一定数存在するので、こうした人にはＡＩが代行して会話をすればよいという流れが成立してしまいます。

近い将来、電話しか使わない人は、相手とは直接、やり取りができず、相手が用意したＡＩとしか話せなく可能性も出てくることになりますが、これは健全な状況とはいえないでしょう。

同じような状況は、実は電子メールの世界でも進行しています。近年、先進的な企業では、社内の連絡手段を電子メールからビジネスチャットに移行するところが増えており、対外的なコミュニケーションを除くと、電子メールが電話と同様、絶滅危惧種になる可能性が出てきているのです。

ビジネスチャットは、個人向けのチャットサービスを企業向けに拡張したもので、米スラック・テクノロジーズの「Slack」というサービスが有名です。

これまでビジネスチャットを導入するのは、先端的な企業がほとんどでしたが、最近は一般的な企業でも導入が進んでいます。

このサービスが本格的に企業に普及した場合、企業の現場には劇的な変化がもたらされる可能性があります。

社内コミュニケーションには、大きく分けて3つのパターンがあります。

ひとつはライン上の指示・命令で、特定の相手に対して指示を行い、指示を受けた人は報告を返すというもの、もうひとつは多数への告知、最後はアイデアや情報の緩やかな共有です。

電子メールも同じ末路を辿る？

電子メールはいかようにでも使えてしまうので、多くの人はこのツールが持つ基本的な特徴をあまり意識せずに使っているでしょう。しかしながら、電子メールは紙のメモの延長線上として出来上がったツールであり、基本的にライン上の指示・命令や一斉同報といった用途に向いています。多くの人と情報を共有する目的には、実はあまり合致していないのです。

電子メールのＣＣはカーボンコピーの略ですが、これはメモを複写して必要な人に送るという企業文化から派生したものです。まずは1対1のやり取りがあり、その情報をシェアすべき人を厳密に選択することが大前提となっています。

業種にもよると思いますが、各人が「とりあえず」といった理由でＣＣを付与し、読み切れないほどのメールが行き交っていないでしょうか。これでは、どれが重要な業務連絡なのか、単なる情報のシェアなのか分からなくなってしまい、かえって生産性を引き下げてしまいます。

こうした状況を回避するため、先端的な組織では電子メールは対外的なやり取りに限定し、社内のやり取りはビジネスチャットに移行しているわけです。

ツールが変わったということは、コミュニケーションの仕組みが変わったということであり、それは社員の評価基準も変わるということを意味しています。

例えば、社内で新規事業を立ち上げることが決まり、新メンバーが集められたとしましょう。ビジネスチャットがあれば、新規事業のメンバーは「○×の件について教えてほしい」といった問いかけを社内に行い、知見を持っている人はチャットでそれを返してくれるはずです。そのやり取りを見た別の人が、新しいアイデアを持ちかけるといった展開も期待できます。

一連のやり取りを俯瞰的に眺めれば、誰がそのプロジェクトに対して貢献しているのか一目瞭然であり、場合によっては、貢献度の高かった人をそのプロジェクトに招き入れることも可能となります。定型的な業務の中でも、トラブルなど不測の事態が発生する可能性がありますが、ビジネスチャットで情報を共有していれば、別の部署の人が有効な解決策を示してくれるかもしれません。

こうしたコミュニケーションが前提になると、リーダーシップの概念も変わってきます。

命令口調で周囲を従わせる人がリーダーではなく、多くの知見を集めて、それをうまくまとめられる人が真のリーダーとみなされるようになるでしょう。こうした時代においては、上意下達にばかり腐心している社員はついていけなくなってしまいます。

電話に依存するオジサンはひとつの象徴にすぎません。ツールへの過度な依存は、生産性を引き下げる大きな要因となっているのです。

第3章

儲かるビジネスをしないと生産性は上がらない

儲かるビジネスができていない

第2章では、生産性を構成する要素のうち、「人数」と「時間」について解説してきました。生産性を計算する式の分子には付加価値（儲け）が、分母には人数と時間が適用されますから、分母である人数と時間を減らせば、生産性は上がります。

つまり、同じ儲けであれば、より短時間、少人数で仕事をこなした方が生産性は高くなるという仕組みです。余裕ができた人材や時間を新しいビジネスに投入することで、新しい富が作られ、社会全体がより豊かになります。

しかしながら、時間や人数を減らすことには限界があります。

例えば、今まで10人で行っていた仕事を5人にするというのは、現実的に難しいでしょう。よほどムダな仕事の進め方をしていたのでなければ、いきなり人数を半分にするというのは不可能です。

労働時間については、さらにこの傾向が顕著となります。

1日8時間だった労働を4時間にした場合、どれだけ工夫をしても、生産量が大きく落ち込んでしまいます。

労働時間や人数を削減して生産性を上げるというやり方は、即効性がありますが、その効果にはどうしても限界があるのです。日本では生産性の向上というと、残業時間の削減や人数の削減にばかり目が向くことが多いのですが、それだけでは十分な成果は得られません。

生産性を大きく向上させるためには、生産性の式における分子、つまり付加価値を増やす必要があります。

付加価値の増加には理論的な上限がありませんから、工夫次第では一気に生産性を向上できます。米国やドイツの生産性が極めて高いのは、労働時間や人数が少ないことに加え、分子の付加価値が大きいからです。

では付加価値を高めるにはどうすればよいのでしょうか。

付加価値というと抽象的な表現ですが、分かりやすい言葉に置き換えればすぐに理解できると思います。要するに「儲かる」ビジネスができれば、付加価値は向上するのです。

日本人はお勉強が大好きですが、そのせいか、小難しいキーワードを多用したがる傾向が顕著です。付加価値を大きくして生産性を向上させるというのは、要するに「儲からない商売はやめて、儲かることに専念しよう」という話なのですが、どういうわけか、「付加価値の増大についてオポチュニティの面から検討する必要がある」などと、意味不明の議論をしてしまいます。

こうしたキーワードには、物事の本質から目をそらしてしまうという悪影響がありますから注意が必要です。

ビジネスには、薄利多売であまり儲からないものと、利益率が高く儲かるものの2種類があります。途上国は基本的に技術や資金、ビジネス・ノウハウの蓄積がありませんから、コストで勝負しなければなりません。このため、基本的に長時間労働で薄利多売のビジネスとなります。

一方、先進国には、分厚い資本蓄積と技術、そして豊富なビジネス・ノウハウがありますから、利益率の高いビジネスを行い、少ない労働時間で多くの利益を得ています。

日本はかつて途上国でしたから、薄利多売のビジネスをするしか選択肢がありませんでした。日本の生産性が低かったのはそれが理由ですが、問題は、これだけ豊かになった現代においても、多くの企業が薄利多売のビジネスモデルから脱却できていないことです。その結果、日本は再び、途上国の時代の水準に逆戻りしようとしています。この部分を解決しないことには、本当の意味で生産性を上げ、豊かな暮らしを実現することはできません。

業務のムダを見直したり残業時間を減らせば、生産性の式の分母を、ある程度、減らすことは可能でしょう。しかし、他の先進諸外国と同レベルまで生産性を向上させるためには、分子である付加価値の増大が必須であり、そのためには、国をあげて儲かるビジネスにシフトしなければなりません。

以下では、儲かるビジネスについて議論していきたいと思います。

縮小市場で高いシェアを確保しても意味がない

第1章では、日本は私たち自身がイメージしている姿とはちがって、輸出大国ではなく、むしろ中規模の消費国家であるという話をしました。日本企業の輸出シェアは1970年代に上昇し、１９８０年代にはドイツと肩を並べたこともありましたが、その後は、低下の一途を辿っています。

ところが、国内では「日本は世界に冠たる輸出大国である」と考えている人が多く、多くの政策もこれを前提に実施されています。現状認識が違ったまま、政策を遂行することほど非効率なことはありません。

安倍政権では「日本再興」というコンセプトが打ち出され、輸出産業を政府が支援するという産業政策が実施されました。確かに見かけ上は輸出が増えたのですが、これは量的緩和策による円安が要因であり、円安という事実上の値下げによって金額ベースで輸出が増えたにすぎません。

輸出についてより詳しく分析すると、状況がより鮮明になります。

リーマンショック以降、金額ベースでの日本の輸出は伸びていますが、数量ベースでの輸出は横ばいが続いていました。もし日本メーカーの競争力が高まっているのであれば、数量も金額も伸びるはずです。ところが数量が横ばいで金額だけしか増えていないということは、売った製品の総量は変らないということですから、産業として見た場合には、現

図5　輸出増加傾向の品目が輸出額全体に占める割合（2014）

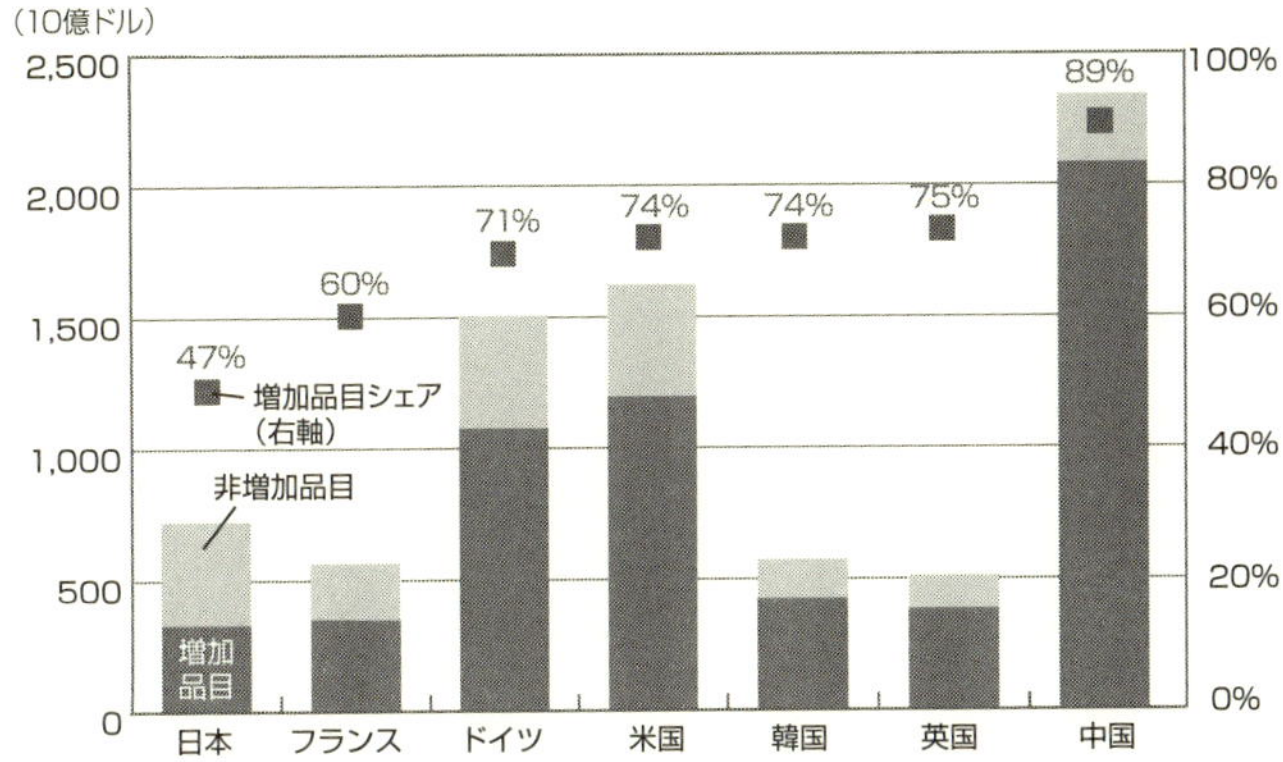

出所）平成27年版通商白書

状維持かむしろ衰退しているという解釈になります。

一部の優秀なメーカーは、時代の変化に対応し、高付加価値製品にシフトすることで、数量を抑制しても金額を増やすことができたかもしれません。しかし、付加価値が低いメーカーは、中国メーカーや韓国メーカーに取って代わられており、これが数量の伸びを抑制したと考えられます。金額ベースの伸びの多くは為替が減価した分なので、実質的にはあまり儲かっていないと考えてよいでしょう。

こうした様子は世界市場における製品シェアに如実に反映されます。

平成27年版の通商白書によると、米国やドイツは輸出全体の75％が市場が拡大する品目で占められているのに対して、日本はわずか47％しかありませんでした（図5）。世界市場で伸びていない品目が輸出の半数を占めているという状況では、全体の輸出額が伸びないのは当然でしょう。

中国向けの輸出を例に取ると、日本はドイツや米国に比べて高いシェアを持つ品目をそれなりに持っていますが、市場が拡大している品目のシェアはドイツや米国と比べると低いという特徴が見られます（図6）。

船舶、自動車、鉄道部品、医療機器といった伸びが大きい分野では、米国企業やドイツ企業が強みを発揮しています。一方、ボールベアリングやコンデンサといった伸びが低い分野では日本企業のシェアが高いのです。つまり、日本企業は伸びない分野で高いシェアを確保しているという図式となります。

一方、ドイツの中国向け輸出を見ると、数量も増加していますが、それに合わせて単価も上昇しています。数量と値段の両方が上昇しているので、ドイツ企業の収益は大きく拡大することになります。

これに対して日本企業は、単価が上昇した品目もありますが、数量が増加した品目での

図６　中国の輸入額増加品目に関する各国割合

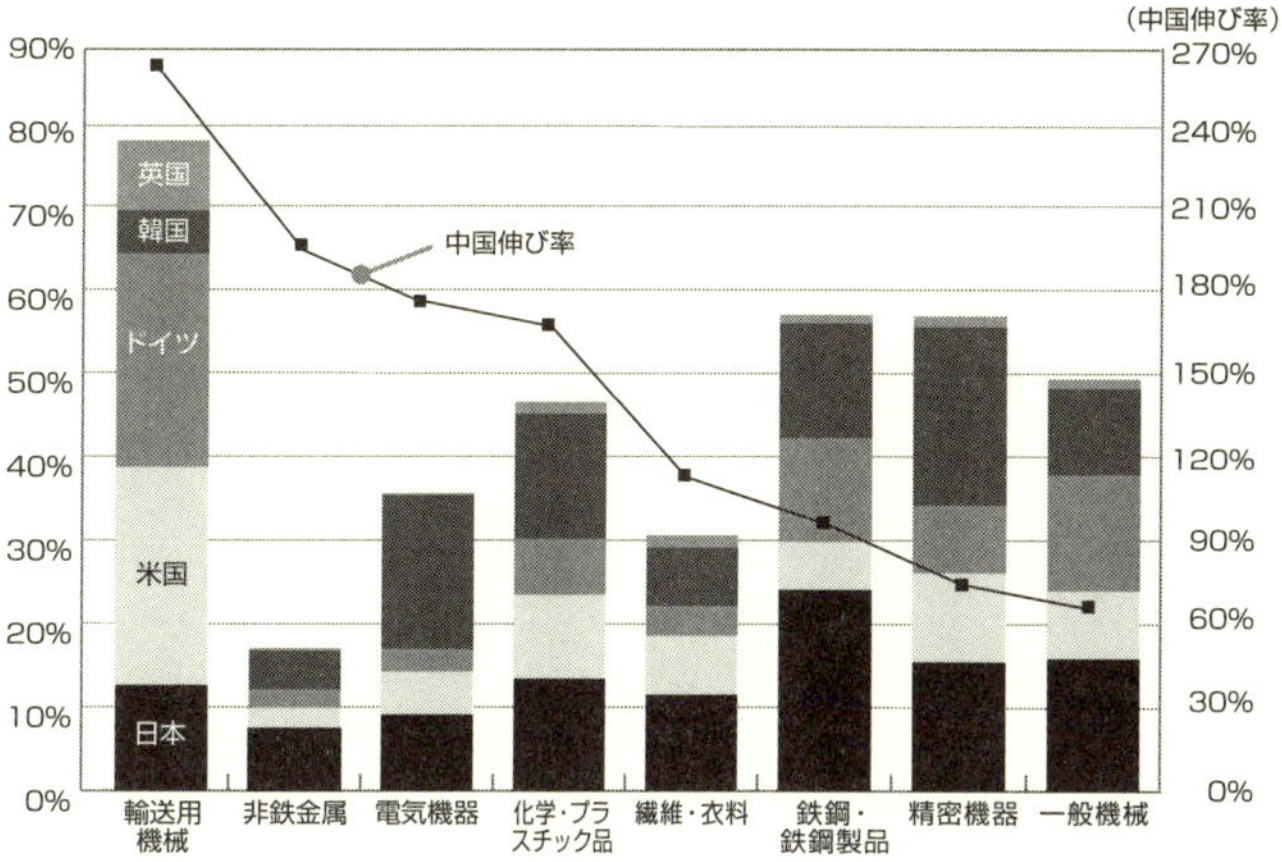

出所）平成27年版通商白書

単価上昇はそれほど顕著ではありません。中には数量だけが増加して単価が下落しているものも見受けられる状況でした。ドイツと比べると儲かる部分で勝負できていないことがよく分かります。

同じ傾向は、２０１５年に日本経済新聞社がまとめた主要商品・サービスシェア調査の結果からもうかがい知ることができます。

調査対象となった50品目のうち、日本企業は、炭素繊維、自動車、レンズ交換式カメラ、マイコン、産業用ロボットなど9品目でシェアがトップでした。

産業用ロボットや自動車は、以前から日本企業の得意分野として知られているほか、炭素繊維については、東レが米ボーイングから大量受注を獲得するなど、成長市場で高いシェアを獲得できています。

しかしながら、それ以外の品目を見ると、マイコンや白色LEDなど、付加価値が低い分野もかなり目立ちます。マイコン分野でシェア1位だったルネサスエレクトロニクスが経営危機に陥ったことは皮肉としかいいようがありません。

デジタルカメラとレンズ交換式カメラの分野では、キヤノンとニコンが高いシェアを維持していますが、デジタルカメラの市場規模は1年間で35%も縮小、レンズ交換式カメラは17%も減少しました。ソニーのゲーム機器も43%のシェアですが、市場そのものはスマホに押され13%も減っています。

通商白書の分析と同様、低付加価値製品や縮小する市場でのシェア拡大が目立ち、成長市場を取り込めていない現状が浮き彫りとなっています。

ビジネスというのは市場が拡大する分野で勝負しなければ、大きな利益を得ることはできません。大きな利益が得られなければ、当然、相対的な生産性は低下し、社会は貧しくなってしまいます。米国やドイツの企業は、時代の変化に合せてビジネスの内容をシフトしており、これによって高い付加価値を得ることで、生産性を維持しています。

日本企業はこうした努力を怠り、結果的に輸出シェアを低下させ、付加価値も低くなっているというのが現実です。アベノミクスによって日本経済は完全復活したと喧伝されたにもかかわらず、豊かになった実感がないと感じている人は多かったと思いますが、これが最大の理由です。

ドイツはなぜ製造業で成功し続けているのか

戦後の日本はモノ作り大国であるドイツを見習って輸出を拡大させてきました。一時はドイツに迫る水準まで追い上げましたが、その後、日本の製造業の競争力は大きく低下した状況にあります。現時点では、もはや日本はモノ作り大国、輸出立国とはいえない状況にあるというのは、先ほど説明した通りです。

詳しくは後述しますが、筆者自身は（工学部出身ではあるのですが）、日本は必ずしもモノ作り大国として国を成り立たせていく必要はないと考えています。しかしながら、日本国内では、日本は製造業の国としてやっていくべきだという意見は多く、政策の多くもそれが前提となっています。

もし製造業の国としてやっていくのであれば、高い付加価値を発揮できる産業構造に国をあげてシフトしなければなりませんが、その点において、ドイツから学ぶべき点は多いのではないかと思います。

新陳代謝が活発でなければ製造業で勝ち続けることはできない

ドイツは依然として高い国際競争力を維持しており、モノ作り大国として君臨していますが、なぜドイツの製造業は成功し続けることができるのでしょうか。

ドイツの製造業が強い競争力を発揮している理由は様々ですが、もっとも大きいのは企業の新陳代謝でしょう。

時代とともにビジネスは変化するものですから、高い競争力を維持するためには、常に変化に対応しなければなりません。同じ人員や同じ組織のままでは、その企業の活力は確実に低下しますから、製造業大国としてやっていくには、企業の新陳代謝を活発にする必要があります。

本来、市場から退出すべき企業が存続していると、旧態依然とした企業に人材が固定化され、新しい産業に人が回ってきません。

日本とドイツはこの点において正反対な状況にあります。

２０１４年度版の中小企業白書によると、２０１２年における日本の廃業率は約４・１％でした。これに対してドイツは８・４％と約２倍、米国は10・３％と約２・５倍の開きがありました。これは開業率も同様で、欧米各国は日本の２倍以上の開業率となっています。つまり諸外国はたくさんの企業が倒産する一方、多くの新しい企業が生まれていることになります。

これに対して日本は企業の倒産件数が減る一方です。倒産が減るのは一見するとよいことのように思えますが、そうではありません。

東京商工リサーチによると、２０１８年における日本の倒産件数は８２３５件と、10年連続で前年を下回っており、過去30年でも３番目の低水準となっています。好景気が続いたことで倒産が減っているのであれば問題ないのですが、今の日本経済は長期にわたって

図7　倒産件数の推移と実質GDP成長率

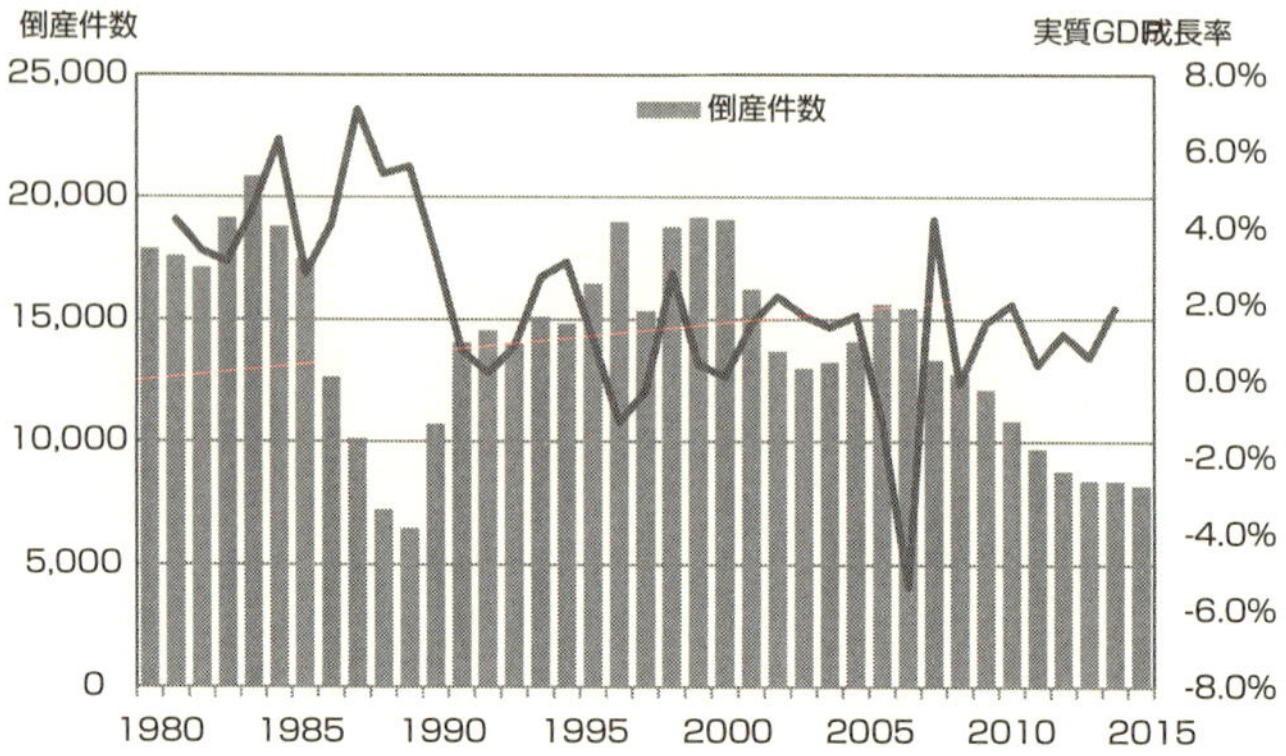

出所）東京商工リサーチをもとに筆者作成

景気が低迷し、労働者の実質賃金も低下する一方という状況です。このような環境であるにもかかわらず、なぜ倒産が著しく減っているのでしょうか（図7）。

日本で倒産が減少している最大の理由は、2009年に導入された中小企業金融円滑化法です。

この法律は、資金繰りの厳しい中小企業から返済条件の変更を求められた場合、銀行は可能な限り、金利の減免や返済期限の見直しに応じなければならないというものです。法律そのものは時限立法となっており、2013年に効力を失っていますが、銀行は、引き続き円滑化法の趣旨に則った対応をしており、これが倒産件数の減少につながっているのです。

十分に収益を上げられるはずだった企業が、銀行側の論理で資金繰りに窮することがあってはなりませんが、実態はむしろ逆です。本来なら存続が難しい企業も、銀行の減免措置や返済猶予によって延命しているという状況なのです。

一般的に企業は不景気になると倒産するというイメージがあり、部分的に見ればその解釈は合っていますが、必ずしもそうとは言い切れない部分もあります。

図7は倒産件数と実質ＧＤＰを示したグラフですが、注目すべきなのは、１９８０年代の前半と１９９０年代の後半です。

１９８０年代は、バブル経済に向かって景気が拡大していた時期ですし、２０００年前後はＩＴブームで数多くの新興企業が誕生した時期でした。

いずれも、企業のビジネスモデルや産業構造が大きく変化したタイミングであり、この時期に倒産が増えているというのは、企業の新陳代謝が進んでいたことを示しています。つまり、企業の新陳代謝と倒産にはそれなりの相関があると考えられるのです。

逆に考えると、リーマンショック以降、倒産件数が順調に減少してきているのは、経済の新陳代謝が進んでいないと解釈することが可能です。つまり倒産件数の減少は決してよいことではないのです。

米国はもともと自由競争原理が徹底されている国ですが、ドイツは必ずしもそうではないというイメージがあると思います。

確かにその通りで、ドイツをはじめとする欧州各国は労働者も手厚く保護されており、日本よりも社会主義的といってよいかもしれません。このような状況にあって、開業・廃業率が高く維持されているのはすべて政策の結果です。

ドイツは２０１２年に倒産法の改正を行い、一定の基準を満たさない企業の取締役は破産申し立てを行うことが法律で義務付けられました。経営者が保身で企業を存続させることを防ぐため、国家が強制的に市場から退出させるという考え方です。

一方でドイツは、失業者に対する手当が非常に厚いことでも知られています。ドイツでは、企業はいつでも理由の如何を問わず労働者を解雇できます。しかし、解雇された労働者には手厚い失業保険が給付され、しかも、新しい仕事に就くための職業訓練プログラムが多数用意されており、次の仕事を容易に探すことができるようになっています。

企業経営者というエリートに対しては、高い社会的地位や高額報酬を認める代わりに、常に儲かるビジネスを構築することが求められます。ドイツでは利益の出ない会社を経営することはいわば犯罪であり、利益を出すというリクエストに応えられない経営者は、エリートの資格がないとみなされ、容赦なく追放されます。

一方、労働者に対しては保護と教育を徹底することで、常に新しい産業へのシフトを促しているわけです。

国家が産業の構造転換に強くコミットするドイツのやり方には賛否両論がありますが、この政策が経済の新陳代謝の維持に貢献しているのは間違いないでしょう。

モノ作り大国になるためには英語が必須

少々、意外に思うかもしれませんが、ドイツの製造業の強さと密接に関係しているのが英語力です。

教育大手ＥＦエデュケーション・ファースト社が発表した２０１８年の世界英語力ランキングによると、日本の英語力は88カ国中49位とかなり低迷しており、「低い」というカテゴリーに分類されています。一方、ドイツは88カ国中10位と「非常に高い」というグループに入っています。

ランキング上位を見ると、スウェーデン、オランダ、ノルウェー、デンマーク、フィンランドなど、工業に強く、民族的にも文化的にも、ドイツに近い国が並んでいることが分かります。

モノ作りと英語は一見すると関係がないように思えます。よいモノさえ作っていれば、必ず世界が知るところとなり、言葉が分からなくても売れるはずだからです。実際、日本人は英語が不得意であるにもかかわらず、かつてはモノをたくさん売っていました。

しかしながら、それは売るモノが、汎用的で低付加価値なものだったことが大きく影響しています。

単純な製品は、顧客がそのスペックを簡単に見極めることができますから、語学力はほとんど影響しません。しかし、高付加価値の製造業にシフトすると、そうはいかなくなります。ドイツが得意としている、医療器機、バイオ、重電といった分野で製品を売り込むためには、製品単体を作るだけでは不十分であり、顧客が抱える課題を解決するソリューション型のビジネスが必要となります。こうしたスタイルのビジネスを行うためには、密度の高いコミュニケーションが必要となり、語学力が影響してくるのです。

中国も日本と同様、あまり英語が通じない国ですが、それが大きな問題になっていないのは、かつての日本と同様、中国にはまだ低付加価値な製品を製造する企業が多いからです。

日本では昔から英語教育の重要性が叫ばれていますが、現実にはあまり積極的な英語教育は行われていません。筆者自身は、無理して全国民的な英語教育を行う必要はないという立場ですし、先進国の中でも英語教育をそれほど重視していない国もあります。先ほどのランキングで、イタリアは34位、フランスは35位となっており、日本ほどではありませんが、あまり英語が通用しません。

それなりの内需があれば、国内の産業だけで経済を回すことができますから、無理して英語を学ぶ必要がないという考え方も十分に成立するわけです。

日本についていえば、同じ言語を話す1億人以上の消費者が存在する先進国はそうそうありませんから、日本も内需を中心に経済を回す仕組みを構築すれば、英語に頼る必要はありません。

しかしながら、先ほども説明したように、日本では製造業で経済を成り立たせるべきという考えの人が圧倒的に多く、政策もそれに準じたものとなっており、現時点においても製造業立国は日本の国是になっているようです。

もしそうであるならば、英語力が低いことは致命的な影響をもたらす可能性があります。高い付加価値を持った製品で勝負しなければ、製造業の世界で勝ち抜くことはできませんが、こうしたビジネスを遂行するためには、高い英語力が必須となるのです。

ドイツのように製造業で成功したいのであれば、徹底的に英語を鍛錬する必要がありますが、多くの日本人はそうした教育を望んでいるのでしょうか。

下請けと中間搾取をなくさないと豊かになれない

先ほどは、日本という国は、日本人がイメージしているほど輸出が強いわけではないという現実についてお話しました。これに加えて日本の企業社会には、欧米の企業社会にはあまり見られない、重層的な下請け構造や中間搾取など、前時代的な商慣習が依然として残っており、これが生産性を引き下げる大きな要因となっています。

重層的な下請け構造が生産性を引き下げている

日本では、大手企業が中堅の下請け企業に仕事を発注し、下請け企業は、中小の孫請け企業に仕事を発注するというのはごく当たり前の感覚です。企業は得意な分野に特化した方がよいので、機能ごとに階層分離すること自体は悪いことではありません。ある完成品メーカーが単純な部品の製造を別の企業に依頼するというのは諸外国でもよく見られる光景といってよいでしょう。

しかしながら、市場メカニズムがしっかりしている経済圏の場合、付加価値の低い製品の製造を請け負った企業は、合併などによって市場シェアを高め、元請け企業との交渉力を高めようとします。あるいは一定価格以下の仕事は利益が出ないので断ってしまい、製品を供給する企業数が最適化されることで価格は一定以下には落ちないことがほとんどです。

ところが日本の場合、こうした市場メカニズムは働かず、下請け企業はいつまでも競争力を発揮することができません。その結果、元請け企業は際限のない値引き要求を続けるという悪循環に陥ってしまいます。下請け企業はさらに孫請けの企業に仕事を投げてコストカットを試みるので、経済全体では壮大なムダが発生してしまうのです。

流通も同じです。商品をすみずみまで流通させるには、1次卸、2次卸など、ある程度の階層構造になるのはやむを得ないと思いますし、海外でも日本の卸に相当するディストリビューターの業界も似たような構造となっています。

ところが日本の場合には、さらに流通形態が複雑で、業界全体で最適化が進んでいません。しかも、古い商慣習がいまだに幅をきかせているのが現実です。海外の場合、メーカーに直接掛け合えば製品を売ってくれるケースは珍しくありませんが、日本の場合には、業界の和を乱すといった理由で、最終顧客に直接製品を販売しないメーカーも少なくありません。

こうした状況が行きすぎると、中間搾取だけを目的とした企業が多数、温存されることになり、経済全体の効率が大幅に低下します。

ＩＴ業界といえば世間的には最先端の業種というイメージがありますが、その実態はまるで異なります。

元請けが受けた仕事を下請けとして請け負い、その仕事を孫請けに丸投げするだけの企業も多く、業界内では「ＩＴゼネコン」「ＩＴ土方」といったキーワードが存在します。特に政府が発注する情報システムは、こうした商習慣の温床ともいわれているのです。

日本政府は毎年数千億円の費用をシステム開発や運用に費やしており、ＩＴ業界にとっては最大顧客のひとつとなっています。しかしながら、政府から直接、大規模システムの開発や保守を受注できるのは、事実上、数社に限定されています。

政府のシステムは入札で決定されるので、建前上はすべての会社に門戸が開かれているはずですが、現実的に未経験の企業が参入するのは極めて困難です。

民間であれば、試験的に新しい企業に発注してみるということが可能ですが、政府の場合には、入札の公平性という大原則があり、こうした措置が実施できません。システム仕様についてほとんど情報が開示されない中での入札一発勝負となるので、新規参入の会社にとってはリスクが大きすぎます。

その結果、落札者は大手の数社に集中することになりますが、これらの会社はすべてのシステムを開発・運用するだけのリソースを持っていません。その結果、中堅のシステム会社に開発を丸投げし、さらに、中堅のシステム会社がさらに下請けの企業に丸投げするという状況になっています。

政府が発注した段階では、1人月（1人のエンジニアを1カ月開発に投入したときの労働量の単位）あたり150万円の単価で発注したシステムが、下請け、孫請けと仕事が流されるにつれて単価が安くなり、末端では70万円程度の単価で仕事を請け負っているというケースも珍しくありません。

極論をいってしまうと、中間で業務を請け負っている企業は、中間的に利益を搾取しているだけの存在ということになります。

金融機関も政府と並ぶ大口顧客ですが、やはり官公庁のカルチャーに近く、直接、受注できる企業は限られてきます。このため、特定の大手企業が独占的にシステムを受注し、それを下請け、孫請け企業に外注するという流れが確立しており、これが生産性を引き下げる大きな要因のひとつとなっているのです。

運送業界でも同じようなケースが見られます。

再配達問題などで運送会社社員の過重労働が大きな社会問題となりましたが、運送会社の業務に従事しているのは、顧客に直接荷物を届ける配送要員だけではありません。物流センターから地域の配送センターなどに荷物を運ぶ業務は、私たちの目には触れませんが、ここにも多くの人員が割かれています。

一部の運送会社は、こうした拠点間輸送を信じられない水準の料金で下請けに丸投げしています。顧客から受け取った配送料の多くは、運送会社が受け取ってしまい、下請けの運送会社には適正な代金が支払われていないケースがあるのです。これでは業界全体が疲弊するのも当然ですし、生産性が向上するわけがありません。

中間マージンを得るためだけの企業はいらない

同一の統計ではないので厳密な比較はできませんが、日本では人口1000万人あたり約28万の事業所が存在しているのに対し、米国では24万しかありません（中小企業庁および米国勢調査局）。日本は人口に比してムダに会社数が多いということになりますが、その理由のひとつとして考えられるのが、中間マージンを取ることだけを目的にする事業者の存在です。

企業における管理部門の割合が20％だと仮定すると、下請け、孫請けと仕事が再度発注されるたびに、20％分の余分な管理業務が発生します。

本来であれば、この業務に従事する人は不要であり、その分、収益を上げる別の業務に従事していれば、経済圏全体での付加価値が増えますから、生産性も大きく向上することになります。

これに加えて日本の場合、中小企業に勤務する人の割合が高いという特徴が見られます。社員14人以下の企業に勤務する人の割合は日本では22％ですが、米国では推定15％以下となっています。日本では小規模な事業所が多く、経済全体で合理化が進んでいないという状況が推察されます。

もっともドイツのように世界トップクラスの生産性を実現しながら、日本と同じように多数の中小企業が存在する国もあります。

しかしドイツの中小企業の競争力は極めて高く、直接、製品を海外顧客に販売する中小メーカーも少なくありません。ニッチな分野で高い競争力を発揮する企業があえて規模を抑制しているという状況であり、日本の下請け企業とはかなり様子が異なっています。

中間マージンを取るだけの企業が生み出す付加価値は低く、薄利多売にならざるを得ません。当然のことながらその企業で働く従業員の賃金は安くなってしまい、労働者全体の平均賃金を引き下げてしまいます。

しかもこうした企業は中間生産物しか生産しませんから、GDPには直接的に寄与しません。こうした企業が別の製品やサービスの提供にシフトすれば、あっという間に日本のGDPは増え、付加価値が上昇する分、賃金も上がるはずですが、それが実現できていないというのが現実です。

あまりにも学ばない日本人

産業構造全体の問題に加え、個人のスキルという点においても日本は多くの課題を抱えています。

時代の変化に対応し、高い付加価値を得るためには、組織や経営のあり方を最適化することに加え、個人のスキルを継続的に向上させることが重要ですが、日本はこの点についても、諸外国に遅れを取っているのです。

自分が学ばない理由を考えたことすらない

ビジネスパーソンの学習に関するリクルートワークス研究所の調査結果は、関係者にちょっとした衝撃を与えました。日本人の学習に対するあまりにも消極的な姿勢が浮き彫りになったからです。

同社が行った全国就業実態パネル調査２０１８によると、日本の雇用者で自己学習している人の割合は33・1％、企業から学びの機会（通常業務を離れた教育機会）を提供されている人の割合はわずか22・5％でした。日本のビジネスパーソンの大半は何も学んでおらず、企業から学ぶ機会も与えられていないことが明らかとなったわけです。

日本人ビジネスパーソンの学習意欲の低さや、企業内教育のお粗末さについては、薄々認識されてはいましたが、このように具体的な数字が出てくることのインパクトはやはり大きかったようです。

この調査は国内だけを対象としたものですが、国際比較調査でも似たような結果が得られています。

ＯＥＣＤ（経済協力開発機構）が２０１２年に実施した「国際成人力調査（ＰＩＡＡＣ２０１２）」によれば「何らかの学位または卒業資格取得のために学習している」人の割合は、日本が加盟国中、最低でした。日本の場合、外部の教育機関で社員教育を行うケースが少ないという事情を考慮しても、日本人が学んでいないというのは間違いないでしょう。

先ほどのリクルートの調査では、学習しない理由について驚くべき結果が得られています。「学んでいない」という回答者に対して、学ばなかった理由を尋ねたところ、「あてはまるものはない」という理由が51・2％と圧倒的なトップでした。

調査票には「仕事で忙しい」「費用負担が重い」「学んでも会社が評価してくれない」「すでに知識を身に付けている」など多くの項目が用意されていましたが、ほとんどの人がどれにも該当していません。厳しい言い方かもしれませんが「自分が学習しない理由など考えたこともない」ということなのでしょう。

この結果には調査を実施した同社のアナリストも驚いたようで、本来であれば私情を挟むべきではない調査結果のレポートにおいて、「様々な可能性を考慮して選択肢を用意したのだが、苦労は報われなかった」と嘆きの声を発していました。

学習しない傾向は学生時代から継続しているようで、学生時代に授業やテスト対策以外で、関心を持ったことについて自ら学習したという人は12・6％で、残りはまったく学習していないか、テスト対策のみの学習だったと回答しています。

ここまで学習しない習慣が身に付いていると「時代が変化しているので、これからは生涯学習が必要だ」といわれたところで、何をどうすればよいのか分からないという人が大半ではないかと考えられます。

もちろん諸外国でも学習しない人はそれなりにいますが、日本の場合、いわゆる高偏差値の大学を卒業したエリートと呼ばれる人材でも、日常的な読書習慣がなくほとんど学習をしていない人が多いという特徴が顕著です。

日本では競争の結果としてリーダーを選抜するのではなく、大学の偏差値でリーダーになれるのかがほぼ自動的に決まってしまうので、これはかなり深刻な状況といってよいでしょう。

実は企業の生産性と教育投資には密接な関係があるといわれています。

多くの国際比較調査において、人材に対する投資が活発であるほど生産性の伸びが高いという結果が得られています。その理由は、教育投資を継続的に行うことで、マネジメント層の知見が増え、ビジネスモデルのシフトが容易になり、結果的に付加価値が増えるというメカニズムと考えられます。企業は人が経営するものですから、マネジメントに携わる人が、常に学習し、時代の変化に対応していかなければ、企業の利益が減ってしまうのは当然といえば当然でしょう。

ところが日本はこれとは正反対の状況です。

労働経済白書によると日本企業における人的資本への投資はむしろマイナスとなっており、これが生産性を引き下げる要因となっています。

２００６年から２０１０年にかけて、米国は３％程度、ドイツは２％程度の人的資本投資の増加が見られましたが、日本はマイナス10％と教育投資を大きく減らしています。これではマネジメント層の職務遂行能力に差が出るのは当然のことでしょう。

人材教育の問題は、実は社会におけるＩＴ活用と密接に結びついており、これがさらにやっかいな問題を引き起します。

ＩＴが高度に普及した現代社会では、社員のスキルアップとＩＴの活用はほぼセットになっています。人的資本への投資が活発な国は、たいていの場合、ＩＴ投資も活発で、国民のＩＴスキルも高いという特徴が見られます。

先ほど、日本の人的投資がマイナスという結果をご紹介しましたが、同じ期間におけるＩＴ投資について見ると、やはり米国やドイツに遅れを取っています。社員のスキルアップが行われず、その結果としてビジネスへのＩＴ活用が進まないという状況が総合的に作用することで、生産性が伸び悩んでいる様子がうかがえます。

ＩＴを活用しないことをポジティブに評価

国際的なＩＴ調査会社ガートナーグループが主要7カ国で実施したＩＴスキルに関する調査によると、自身のＩＴスキルを「素人」あるいは「中程度」と考える日本人の割合は58％となっており、他国と比較すると突出して高いという結果が得られています。

日本人は自己評価を低くする傾向があるといわれますが、それでもこの数字はかなり際立っていると見てよいでしょう。筆者は今、日本人は自己評価が低いと述べましたが、実はこの話もかなり怪しいかもしれません。

日本のＩＴ活用度が低いという調査結果が発表されるたびに、「日本は利便性が高く、ＩＴを使わなくてもほとんど目的を達成できる」「こうした結果は、むしろ日本社会のインフラ・レベルが高いことを象徴している」といった超ポジティブな意見が多数、出てくるからです。

ＩＴを使わなくても済むよう、多くの人がムダな時間や労力をかけ、生産性を著しく引き下げているにもかかわらず、これをすばらしいと賛美する風潮が強いわけですが、果たしてこのような振る舞いは自己評価が低いといってよいのでしょうか。筆者にはまったくそうは思えません。

話が少しそれましたが、ＩＴ活用に加え、学習に対する消極性と密接に関係していると思われるもうひとつの要素が転職です。

先ほどのリクルートの調査では、転職経験と学習の継続についても分析しているのですが、転職経験のない人が学びを継続する確率は、転職経験が2回ある人と比較すると4%低いという結果が得られています。また転職経験が3回以上になると一気に継続する確率が上昇することも分かっています。

つまり転職経験が多いほど、新しい環境に適用するため、学びを継続する確率が高いということになります。一般的に雇用の流動性が高い方が生産性が高まるといわれていますが、調査結果はこうした仮説を裏付けていると解釈してよいでしょう。

筆者はいつもこの話をしているのですが、同じメンバーが顔を突き合わせて、何十年も同じ仕事をしていれば、どれだけ優秀な人材でも確実にマンネリ化してきます。日本がもっと気軽に転職できる雇用システムになれば、特に意識しなくても学習する機会が増え、確実に日本の生産性は向上するでしょう。

転職すれば刺激も増えるので、メンタルにもよい影響を与えます。雇用についてもっと柔軟に考えることができれば、一連の問題は大きく前進するはずです。

文字は読めても文章が読めない日本人

先ほど、日本人の学習について取り上げましたが、学習というのは、専門知識を身に付けることだけを指しているわけではありません。文章を読んでその意味を理解し、自身も論理的な文章を書けるようトレーニングをすることも重要な学習のひとつです。

そして、こうした文章を介したコミュニケーション能力というのは、企業の生産性やひいては国全体の生産性に影響を及ぼしています。特に諸外国とのやり取りが必要となった場合、この影響が極めて大きくなってくるのです。

グローバル化できないのは英語だけが原因ではない

日本人は一般的に外国とのコミュニケーションが苦手であり、その理由は英語の能力が低いからだといわれています。こうした事情から日本では何十年も前から英語教育の重要性が叫ばれてきましたが、一向に外国とのコミュニケーションは上手になりません。

筆者は、日本人がグローバル化できないのは英語に原因があるという話は疑ってかかる必要があると考えています。一部の業種で高度な英語力が必要なのは事実ですが、現実問題として、多くのアジア人が、メチャクチャな英語のままで、英語圏の人と普通にビジネスをしており、語学の能力が大きな障壁になっているとは思えないからです。

語学力ではないとすると、何が問題なのでしょうか。ひとつ考えられるのは日本人の思考回路です。論理的な思考回路が身に付いていれば、多少、言葉が不自由でもビジネス的な意思の疎通は可能です。ところが、思考回路そのものが非論理的である場合、どれだけ語学ができても、正確に相手に意思を伝えることができなくなってしまいます。

以前、ネット上のまとめサイトに文章の読解力に関する記事が投稿されたことがありました。「今週は暑かったのでうちの会社はサンダル出勤もＯＫだった」というツイッターのつぶやきに対して「なぜ今週だけはＯＫなんだ?」「サンダルない人は来るなって?」「暑いならともかく基本はＮＧだろ」といった反応が一定数返ってくるという内容でした。この記事を投稿した人は、こんな簡単な文章なのに、意味を理解できない人があまりにも多いと嘆いていたわけですが、奇妙な反応を返した人は、「サンダル出勤がＯＫ」というキーワードだけが目に入っていた可能性が高いと考えられます。つまり、文字は読んでいても、文章は頭に入っていないということになります。

ニュースサイトのコメント欄を見ても、明らかに文章を読んでいない人のコメントや、ひとつのキーワードだけに反応し、文脈をまったく無視したコメントが無数にアップされているのが現実です。文章を読んでいない、あるいは読めていない人が一定数存在しているのは間違いないでしょう。

ジャーナリストの佐々木俊尚氏は、ツイッターでのクソリプ（どうしようもない返信のことを指すネット上のスラング）の原因は大半が読解力の不足によるものではないか、と指摘しています。ツイッターは、瞬間的に反応して返信するという役割を持ったツールであり、勘違いによる返信が一定数存在することはやむを得ないことかもしれません。しかしながら、文章が読めていないという指摘はこれ以外にもあちこちに存在しています。

投資銀行家で「ぐっちーさん」の愛称でも知られる山口正洋氏は、ビジネス上のメールの内容をきちんと読めていない日本人が多すぎると自身のコラムで指摘していました。内容があいまいなまま物事が進むので、実際に会って内容を再確認しなければならず、これが仕事の効率を悪化させているそうです（山口氏は２０１９年９月、がんで亡くなられました)。

この話は、筆者にも思い当たるフシがあります。

筆者は10年間ほど、コンサルティング会社を経営してきた経験を持っているのですが、仕事でやり取りのあったビジネスパーソンの一部は、業務に関するメール上のやり取りについて、内容を十分に把握できていませんでした。

こうした状態を放置すると経営に支障を来すため、筆者は、可能な限り箇条書きにする、要件ごとにメールを分ける、確認のメールを送るといった対策を施し、案件を無事に処理できるよう工夫していました。

ちなみに、メールをやり取りしている相手というのは、いわゆる高学歴な人物ばかりであり、基礎学力という点では国内でもトップクラスに属しているはずです。山口氏のケースもおそらく同様でしょう。いわゆる高学歴な人であっても、基礎的な読解力に欠けることが多いというのは、由々しき事態です。たかがメールのやり取りではありますが、「チリも積もれば」の理屈で、社会全体の生産性を大きく引き下げている可能性があるのです。

日本でテレワークが進まない理由

文章の読解力がどのように確立するのかというのは、実は非常に奥が深いテーマであり、簡単に答が出せるものではありません。単純に文章を読むテクニックに依存する部分もあるかもしれませんし、論理性の有無といった根本的な問題も関係しているはずです。

これに加えてメンタルな影響も無視できません。感情が先に立ってしまうと、自分の感情やイメージに沿ったキーワードだけを無意識的に抽出し、まったく異なる結論を導き出してしまうことがよくあるからです。

言語によって、脳内における情報処理のアルゴリズムが異なるという研究事例も存在していますから、そうなってくると、他の言語圏との比較も必要になってくるでしょう（ちなみに山口氏は米国人とのやり取りではそうした行き違いは生じにくいとも主張していました）。

ここまでくるとテーマが壮大になりすぎてしまいますが、実務的には2つのアプローチがあると筆者は考えています。

ひとつは可能な限り、口頭ではなく文書でのコミュニケーションを実施するよう心がけ、このやり方に社会全体として慣れていくという方法。もうひとつは、表現や表記の方法を体系化し、可能な限り分かりやすくするという方法です。

日本では以前からテレワークなど、遠隔で勤務できる環境整備が必要と指摘されてきましたが、一向に導入が進んでおらず、これが企業の生産性に悪影響を与えています。日本でテレワークが実現できないのは技術的な問題ではなく、メンタルなものである可能性が高いと考えられます。

日本の職場では、業務の指示や責任の範囲が不明瞭なことが多く、チーム全員が顔を合わせて、状況を逐一確認していかないと仕事が進みません。確かに、表情やしぐさ、声など、ビジュアルな情報があれば、言語が不明瞭でもおおよその意思の疎通は可能でしょう。しかしながら、こうしたスタイルにばかり慣れてしまうと、文書を読み書きする能力が高まらないのは当然のことです。

外国人に対しては、いわゆる「あうん」の呼吸が通用しませんから、これがグローバルなコミュニケーションを阻害していると考えられます。

業務の指示や責任の範囲が、文書で論理的に行われるようになれば、文章の読解力は確実に向上しますし、テレワークやグローバル活動も進むという好循環となるでしょう。

これと同時に情報を体系化するトレーニングも必要です。

筆者は職業柄、日米の経済統計をウェブサイトで閲覧することが多いのですが、両国のウェブサイトには驚くべき差があります。

米国のサイトの方が英語という外国語であるにもかかわらず、内容が直感的に理解しやすいのです（参考までに、筆者には外国留学や外資系企業の就労経験はなく、ごく一般的な英語力しかありません。英語の基礎力が高いことで内容が容易に理解できているわけではないことに留意してください）。

日本のサイトは、統計データに関連するおびただしい注記事項が羅列してあるだけというケースが多く、情報がまったく整理されていません。つまり、様々な立場の人が読むことをまったく想定していないのです（あるいは想定していても、体系立てて表記できないのかもしれません）。

困ったことに、こうした分かりにくい情報に対して改善の要求が出されるのではなく、詳細を知っている人が、分かりにくさを利用して、分からない人に対して優越的な立場に立つという（俺は知っているぞという、いわゆるマウンティングをする）、本末転倒な現象も散見されます。あなたの職場にも、分かりにくい情報しか提示できないにもかかわらず、「こんなことも知らないのか」と悦に入る同僚がいないでしょうか。

多くの人にとって分かりにくい情報しか出せない人は、マイナス評価になるという土壌が出来上がれば、読解力不足の問題もかなり改善するはずです。

分かりやすい表現を重視すると、薄っぺらな議論になってしまうと批判する人もいますが、筆者はそうは思いません。

難しい話を難しく説明することなど、専門家であれば誰でもできることです。

現代社会はオープン化が進んでおり、異なる分野の知見をうまくミックスしていかなければ新しいビジネス領域を開拓することはできません。専門的な内容を専門外の人に適切に説明する能力に欠ける人は、むしろ専門家としての能力が不足していると評価するぐらいの意識改革が必要だと筆者は考えます。

こうした努力の積み上げこそが利益を生み出す源泉であり、やがては大きな生産性の違いとなって顕在化してくるわけです。

他人を信用する能力がないとビジネスはうまくいかない

ソーシャルメディアは、もはや社会になくてはならない存在となっていますが、日本ではネット空間は、あくまでバーチャルなものと捉える傾向が顕著です。

普段は大人しいのに、ネット空間では性格が豹変し、他人に罵詈雑言を浴びせる人が多いことからもそれは分かりますが、こうしたネット空間に対する認識というのは、実は生産性に大きな影響を与えているのです。

日本人のネット利用はもっぱら閲覧

ネット空間でのふるまいとリアルな世界でのふるまいは実は裏でリンクしており、リアル社会で他人を信用できない人は、ネット社会でもやはり他人を信用することができません。

総務省が公表した2018年版情報通信白書には、ネット利用をめぐる興味深い調査結果が掲載されています。同白書によると、日本人のソーシャルメディアの利用方法は極端に閲覧に偏っており、自ら情報を発信している人は少ないという結果が得られています。

フェイスブックにおいて自ら積極的に情報発信を行っている日本人はわずか5・5％で、米国（45・7％）、ドイツ（25・9％）、英国（34・9％）と比較すると大きな差が付いています。日本ではフェイスブックそのものがあまり普及しておらず、そもそも「利用していない」という人が過半数ですが、利用している人の中での比率という点でも、日本は16・7％と各国（40％～50％台）よりも低い結果となっています。

他の媒体もほぼ同様で、ツイッターで積極的に発言している人は9％となっており米国の半分程度しかいません。ブログ利用者の中で、閲覧のみという人の割合は米国の2倍もあります。

日本におけるソーシャルメディアの利用が閲覧に偏っているのだとすると、ネット空間上で飛び交う情報は、少数の人が発信したものということになり、全体像を示していない可能性が出てきます。ネット空間上の情報や言論に偏りがあるという話は、多くの利用者が気付いていることだと思いますが、この調査結果はそれを裏付ける材料のひとつといってよいでしょう。

日本の場合、発信する人が少数ということに加え、ネット上の情報の多くが、すでに存在している情報のコピーであるケースも多く、同じ情報が拡散されることでさらに偏りが生じている可能性が否定できません。

情報に偏りがあり、その情報源が独立していない場合、いわゆる「集合知」が成立しないというリスクが生じてきます。集合知というのは、簡単にいってしまうと「みんなの意見は正しい」という考え方です。

グーグルなどが提供している検索エンジンのアルゴリズムには、集合知の考え方が応用されています。集合知が正しいことの事例としてよく引き合いに出されるのが、１９８６年に起きたスペースシャトル「チャレンジャー号」の事故です。

事故直後、まだ原因もよく分からない段階から、ガス漏れを起こしたリングを製造している会社の株だけが下落していました。正式な調査結果が出るよりもはるか以前に、市場は原因を完璧に特定していたのです。

グーグルの検索エンジンはこの考え方を応用し、多くの人がアクセスするサイトは有用であると判断し、これによって検索結果を順位付けするという仕組みを開発しました（それだけで判断しているわけではありませんが、アクセス数やリンクが大きなファクターであることは間違いありません)。

ネット上の集合知をうまく活用できると、正しい見解に辿り着くまでの時間を劇的に短縮できますから、経済に対する効果は絶大です。

今までの時代は、何か新しいプロジェクトに取り組む際には、専門家や経験者に話を聞いたり、多数の本の中から該当するものを探すなど、相当な手間をかけて情報収集する必要がありました。ネットで集合知が形成されていれば、それを見れば一発でおおよその判断が可能です。一連の調査にかかる手間を一気に省けるわけですから、効率は何倍、あるいは何十倍にもなるわけです。

しかしながら、「みんなの意見は正しい」という命題が成立するためには、①意見の多様性、②意見の独立性、③意見の分散性、④意見の集約性、という4つの条件を満たしている必要があります。

つまり、多様な価値観を持った人が集まり、皆が他人に左右されず、独自の情報源を使って自分の考えを表明した結果を集約すれば、必然的に正しい答えが得られるという理屈です。

その点からすると、日本のネット空間は、発信者の数が少なく、情報に偏りがあるため、情報の信頼性が低下してしまうことになります。

「信用」することもひとつの能力

同調査では、ネットで知り合う人の信頼度についても国際比較しています。

「ＳＮＳで知り合う人のほとんどは信用できる」と回答した日本人はわずか12・9％ですが、米国は64・4％、英国は68・3％に達します。逆に日本人の87・1％は「あまり信用できない」「信用できない」と答えており、ネット空間で知り合う相手に対して信用していないという現実が浮き彫りになっています。

実は、他人を信用できないという話はネット空間に特有のものではありません。

ネットかリアルかは区別せず「ほとんどの人は信用できる」と回答した日本人はわずか33・7％しかおらず、その割合は各国の半分となっています。つまり日本人は基本的に他人を信用しておらず、ネット空間ではその傾向がさらに顕著になっているにすぎないわけです。

日本人は猜疑心が強く、他人を信用しないという話は、海外でビジネスをした経験のある人なら、実感として理解できるのではないでしょうか。

米国は契約社会といわれていますが、それは一部のカルチャーを極端に解釈したものにすぎません。米国では意外と信用ベースで話が進むことが多く、後になって金銭的に揉めることもそれほど多くありません。中国に至っては、いったん信頼関係ができると、ここまで信用してよいのだろうかというくらいまで、相手から信用してもらえることすらあります。

日本人や日本社会がグローバル化できないのは、英語などの問題ではなく、他人を信用できないという性格が大きく影響している可能性があります。経済活動において、相手を信用できないことによって生じるコストは膨大な金額になりますから、日本は多くの富を失っているのです。

信用できない相手と取引するリスクを軽減するためには、多額の調査費用をかけて相手を調べたり、すべての案件で契約書を作成するといった作業が必要となり、時間とコストを浪費します。これを回避するには、よく知っている相手だけに取引を絞り、狭い範囲で顔を合わせて経済活動するしか方法がなくなってしまうでしょう。

日本企業の中には、昔からの取引先以外とは取引しない、資本関係のある下請け会社にしか発注しないというところも多いのですが、こうした商慣習というのは、よく知った相手とだけ取引することでリスクを回避しているわけです。

しかしながら、特定の相手とだけ取引を続けていると、馴れ合いが生じやすいですし、何より、もっと好条件で取引できる相手がいたとしても、それを排除するメカニズムが働いてしまいます。こうした環境では十分な市場原理が働かず、結局は多大なコストを支払う結果となるのです。先ほどテレワークについて言及しましたが、信用できない性格が、日本においてテレワークが浸透しない原因のひとつになっている可能性は十分にあるでしょう。

血のにじむようなコスト削減努力を行っても、儲かった実感が得られないことの背景には、こうした見えないコストが関係しているということを私たちはもっと認識するべきだと筆者は考えます。

これからの時代は、否が応でもビジネスのネット化がさらに進みます。

ネットという広域プラットフォームを十分に活用するためには、まずリアルな世界において、他人を信用する「能力」が必要となります。信用しつつも過度に依存しないという振る舞い方が身に付けば、ネット空間が異質なものにはならず、ビジネスのネット化もスムーズになるでしょう。最終的にはこれが大きな利益につながり、生産性を引き上げる結果となるのです。

日本企業の経営は、実は短期的

かつて、日本企業は目先の利益を追わず長期的な視点で経営を行い、米国企業はコストカットなど短期的な利益しか追求しないというイメージがありました。

しかし、日本企業が長期的で米国企業が短期的という話は、今や完全に逆転しているといってよいでしょう。日本企業の視点は極めて短期的になっているというのが現実です。

人を増やすばかりで設備投資を抑制

第1章では、日本が人手不足というのは、介護や建設、小売といった一部の職種に限った話であり、ホワイトカラーを中心に大量の労働者が社内で余剰になっているという話をしました。実際、日本企業は過去10年で売上高がほとんど伸びていないにもかかわらず、従業員の数を増やしており、確実に雇用は過剰となっています。このため企業の総人件費は増大しており、これが利益を圧迫する図式になっています。

一方で、日本企業は毎年、計上した利益を設備投資に回さず、内部留保として蓄積しています。２０１７年度における内部留保（会計上は利益剰余金）は何と４５０兆円に迫る状況となっており、この莫大な金額が投資に回らないという状況が続いています。日本企業の売上高に対する減価償却費の比率は年々低下しており、投資の抑制が続いていることが分かります。

企業はビジネスで得た利益を、次世代の事業のために投資していかなければ、事業を継続することができません。獲得した利益を設備投資に回さないという行為は、将来の収益を自ら失っているようなものです。

では、なぜ日本企業は、将来の利益の源泉となる設備投資に消極的なのでしょうか。その理由は、日本企業の経営者の視点が極めて短期的になっているからです。

本書でも何度か指摘してきましたが、日本では労働法制上、企業は自由に社員を解雇できません。したがって、日本企業が正社員を雇用する際には、慎重な姿勢が求められます。ひとたび社員を雇ってしまえば、事実上、一生涯、雇用を保証する必要があり、企業にとっての負担が重いからです。

一方で、技術の進歩や時代の変化で、企業のビジネス環境は大きく変わりますから、人材の登用についても、時代の変化に対応して変えていく必要があります。

本来であれば、長期的な企業戦略に基づいて、人材の登用や、再配置、教育などについて検討する必要がありますが、残念ながら今の日本企業にはこうした姿勢は見当たりません。時代の変化で、とりあえず新規事業が必要になると、場当たり的に人を採用していきますから、人数がどんどん膨れあがってしまいます。

設備投資についても同じことがいえます。

企業は、毎年の利益を確保することも重要ですが、5年先、10年先を見据えて長期的な投資を行うことも重要です。日本経済は、人口が減少し、市場が縮小するという逆風下にありますが、そうであれば、なおさらのこと、新しいテクノロジーや海外市場などに積極的に投資しなければ、従来と同じ業績を維持することはできないでしょう。

それにもかかわらず、日本企業の多くは、設備投資を積極的に行わず、毎年、得た利益をただ現金として保有している状況です。その理由は先ほどと同様、日本企業に長期的な経営戦略がなく、経営者はどこに投資してよいのか分からないということが原因と考えられます。

さらにいえば、日本の経営者の多くはプロの経営者ではなく、従業員からの昇格で役員に就任するのですが、これも長期戦略を立てられない原因のひとつです。

日本の場合、社長になったとしても、順送り人事によって数年で後輩にポストを譲らなければなりませんし、逆にいえば、業績を上げたからといって特別に大きなボーナスが得られるわけでもありません。自分の在任中に大きな失敗をしたくないという意識が強いですから、リスクの大きい投資には消極的になってしまいます。

一連の状況を客観的に分析して、日本企業が長期的な視野に立って経営しているといえるでしょうか。短期的な利益しか追求していないことは明白であり、このまま投資の抑制が続けば、日本企業の将来の業績はさらに危うくなってくるでしょう。

ＮＴＴもＫＤＤＩもガラパゴスであることを自覚していた

以前、グーグルの日本法人社長を務めていた村上憲朗氏が日本企業の短期的な経営視点について興味深い発言を行っています。村上氏がグーグルの米国本社ＣＥＯ（最高経営責任者）だったエリック・シュミット氏を、ＮＴＴドコモやＫＤＤＩの幹部に引き合わせたときのことです。

ドコモもＫＤＤＩも、当時はｉモードとＥＺＷｅｂというガラパゴスなサービスを提供していましたが、両社の幹部は揃って「これからは（ｉモードやＥＺＷｅｂとは異なる）水平分業が進むだろう」と発言したそうです。村上氏はビジネス誌とのインタビューで「ドコモもＫＤＤＩも垂直統合の限界を感じつつも、もう引き返せなかったのだ」と述べています。

ＮＴＴグループを中心とした既存企業による寡占状態になっている日本市場において

は、オープン化というネット社会の潮流がハッキリしていても、ガラパゴスなサービスを提供した方が短期的には利益が上がるのは間違いありません。その代表的な例がｉモードでありＥＺＷｅｂということになります。

しかしながら、長期的な視点に立った場合、こうしたガラパゴスな戦略がうまくいかないのは明白であり、本人たちもそれをよく自覚していたという話です。

村上氏の話が本当だとするならば、ＮＴＴドコモやＫＤＤＩは、状況を分かっていながら、方針を変えることができず、短期的な戦略を採用し続けたということになります。ＮＴＴドコモとＫＤＤＩという日本を代表する企業ですら、そうだったわけですから、多くの日本企業が似たような意思決定をしていた可能性が高いでしょう。

日本企業の短期志向は実は学術的にも指摘されています。

経済産業省は２０１４年、有識者らを集めた会合を開き「持続的成長への競争力とインセンティブ」という報告書を取りまとめました。この報告書は、一橋大学大学院商学研究科教授の伊藤邦雄氏が中心となって作成したことから、通称「伊藤レポート」と呼ばれています。

レポートでは、日本企業が短期主義経営に傾いており、長期的なイノベーションに向けた投資が行われにくくなっていると指摘しています。このレポートは5年前に出されたものですが、コストカットによる利益の捻出と設備投資の抑制など、ほぼ指摘通りの状況となっています。

短期的な目線での経営は、どこかのタイミングで行き詰まってしまいます。こうしたツケがいよいよ回ってきているのかもしれません。

ビルばかり作ることは弊害が大きい

日本企業の短期的な志向は、内需についても大きな歪みをもたらしています。

東京都心ではここ数年、かつてない建設ラッシュが続いてきました。一部の論者は、日本経済が力強く成長している証拠だと述べていますが、これだけ消費が低迷し、企業が設備投資を抑制しているという現状を考えると、この建設ラッシュはやはり異様です。

オフィスビル建設とオリンピック特需は関係ない

２０１８年3月、三井不動産が１３００億円を超える資金を投じて開発した東京ミッドタウン日比谷が開業しました。かつてこの場所には複数のオフィスビルが建っていましたが、これらを取り壊し、各ビルを統合する形で巨大複合施設が出来上がりました。

ミッドタウン日比谷は、一連の再開発の中でも規模の大きい部類に入りますが、似たような開発案件が都心のあちこちで進められています。２０１８年には20を超える大型ビルが開業しており、２０１９年もほぼ同数のビルが竣工しています。

一連の大型開発はオリンピック特需と片付けられてしまいがちですが、必ずしもそうとは言い切れません。

開発案件の中には、外国人観光客の来場を狙った商業施設やホテルが含まれており、これは確かにオリンピック特需のひとつといってよいでしょう。しかしながら、次々と建設される大型のオフィスビルはオリンピック特需とは直接関係しません。当たり前のことですが、オリンピックが開催されたり、インバウンドの需要が増えたからといって、急にオフィスビルが不足するわけではないからです。

では、不景気であるにもかかわらず、なぜ最近になって大型のオフィスビルが続々と建設されているのでしょうか。最大の理由は日銀による量的緩和策です。

日銀は２０１３年４月の金融政策決定会合において、国債購入を通じて市場に大量のマネーを供給する量的緩和策の実施を決定。年間80兆円ものペースで市場から国債を買い続けました。

当初は為替が円安に進み、消費者物価指数も上昇しましたが、その後、物価の上昇ペースは鈍化。最近では量的緩和策の効果について疑問視する声も多くなっています。この政策が効果を発揮したのかという議論はさておき、５年以上にわたる資金供給の結果、金融機関には何と４００兆円もの資金が流入しました。

ところが、国内の消費や設備投資は伸びておらず、銀行は新しい融資先の開拓に苦慮している状況です。融資の原資は顧客の預金ですから銀行は過度なリスクを取ることができません。現時点で多額の資金を必要としている企業は経営状態が悪いところがほとんどなので、銀行は貸したくても貸せないというのがホンネでしょう。

その結果、銀行は国債の売却代金として日銀当座預金に振り込まれた資金を、何もせずそのまま積み上げた状態にしています。当座預金に積み上げられた資金のことを金融業界ではブタ積みと呼んでいますが、銀行は基本的にお金を貸すのが商売ですから、資金を遊ばせていることは収益の低下につながります。実際、銀行は収益低下の懸念から前代未聞のリストラを実施する状況となっており、経営環境は極度に悪化しています。

こうした中、銀行にとって唯一、安心して融資できる先が、都心の不動産案件ということになるわけです。量的緩和策によってありあまったマネーの一部が、都心の不動産開発に押し寄せ、これが都心の建設ラッシュを引き起こしているというカラクリです。

ではこうした過剰なオフィスビル建設に弊害はないのでしょうか。

よく指摘されるのが、建設ラッシュ終了後の空室リスクですが、メガバンクと大型ビルのオーナーに関していえばそのリスクは低いと見てよいでしょう。なぜなら、大型ビルを竣工したオーナーは空室リスクを避けるため、多少、賃料を下げてでも周辺のスペックの低いビルからテナントを奪ってくるからです。

賃料が下がれば、大きな利益を得ることはできないかもしれませんが、新しいビルが不動産物件として不適格になる可能性は極めて低いのです。つまり、銀行にとって貸し倒れになるリスクはほぼゼロであり、何としても融資したい対象ということになります。

では新規の大型ビルにテナントを奪われた中型ビルのオーナーはどうなってしまうのでしょうか。当然のことですが、今度はさらに周辺にある小規模のビルからテナントを奪ってくることになります。その結果、テナント争奪ドミノが発生し、最終的には、もっとも競争力の低い、小型ビルのオーナーにシワ寄せがいくことになります。

不動産開発のツケを支払うのは実は従業員

不動産はビジネスサイクルが長いですから、需要と供給のアンバランスが顕在化するまでには時間がかかります。いつまで持ちこたえられるかという点についてもビルオーナーの体力によって様々なので、供給過剰の影響が明らかになるのはかなり先のことになるでしょう。

一方で不動産というのは、実需以上に存在することができないのもまた事実です。需要を超えて建設を続けた場合には、必ず社会のどこかに歪みが出てくることになりますが、最終的にそのツケを払わされるのは実は労働者である可能性が高いと筆者は考えています。

経済学的に考えると、まだ使えるビルを壊して新しいビルを建設したり、実需以上に建物を作った場合、本来、処理しなければならない減価償却（マクロ経済では固定資本減耗と呼ぶ）以上に減価償却が発生することになります。

一方、労働者の賃金や投資家への配当というのは、企業が得た付加価値から減価償却を差し引き、残った利益の中から捻出さます。

確かに開発案件単体で考えれば、古いビルを壊して新しいビルを作ることで、利益を拡大することができます。しかし、先ほど説明したように、需要を超えて不動産を開発すれば、必ず収益を失う物件が出てくることになります。経済全体で考えた場合には、どこかで過剰な減価償却を負担しなければなりません。

マクロ的に見た場合、最終的にこの減価省償却を負担するのは労働者となる可能性が高いでしょう。

安倍政権は日本の公的年金を従来の国債運用から株式運用にシフトしたので、公的年金は日本のあらゆる上場企業の大株主となっています。年金財政は逼迫しており、企業からの配当がなければ年金の支払いに支障が出ることから、企業にとって配当を犠牲にするという選択肢はもはや存在していません。

そうなってくると、利益を捻出するためには労働者の賃金を減らす以外に手段がなく、結局のところは、作りすぎたインフラのツケを支払うのは一般労働者ということになります。しかしながら、こうしたメカニズムは外からは見えにくく、多くの人はこのカラクリに気付きません。

増えた供給をカバーできるほどの経済成長が実現できない限り、ジワジワと労働者の生活を圧迫する可能性が高く、当然のことながら、これは生産性にとって大きなマイナス要因となります。

第4章

どうすれば豊かになれるのか？

何の変哲もないフツーの会社になろう

これまで見てきたように、日本の企業は雇用が過剰で、人件費負担が重いという特徴があります。その結果として生産性が低くなり、労働者の賃金も上昇しないという悪循環に陥っています。

これ以上の転落を食い止め、日本人がもっと豊かな生活を送るためには、企業の経営をさらに効率化するとともに、儲かるビジネスにシフトしなければなりません。

では、日本企業がもっと儲かるようになるためには、どうすればよいのでしょうか。日本においても、グーグルやアップルのような企業が誕生してくれるのが理想的ですが、現実問題として、ちょっとやそっとの努力ではこうした企業は生まれてきません。長期的な戦略はともかくして、短期的、中期的なレベルにおいては、もっと現実を見据えた取り組みが必要となるでしょう。

世の中では、何かと独創的なアイデアや画期的な技術に注目が集まりますが、状況を一挙に打開できるようなイノベーションが生まれてくる確率はかなり低いというのが現実です。むしろ、地味であっても、着実に成果を上げている事例を参考にするのがもっとも近道でしょう。その点において、筆者が注目しているのはソニーとシャープです。

ソニーとシャープが復活できた理由

ソニーはかつて大規模な赤字を垂れ流すなど、経営危機が囁かれた時期もありましたが、紆余曲折を経て復活し、営業利益が過去最高を更新するなど、着実に利益体質にシフトしています。

シャープに至っては、過剰な設備投資を行い、一時は倒産寸前まで追い込まれるという失態を演じていますが、外資の傘下で見事な復活を遂げました。

両社に共通しているのは、「何の変哲もないフツーの会社になる」勇気を持ったことです。企業は過度に理想を追い求めるべきではなく、商売の基本に徹するのが原則であり、両社はこれを淡々と実行することで復活の道筋をつけました。

ソニーは2011年3月期に2612億円、2012年3月期には4550億円もの巨額赤字を計上し、一時は経営危機も囁かれました。

1999年に同社のCEO（最高経営責任者）に就任した出井伸之氏は、ビジネスモデルのIT化に邁進し、一時は現在のアップルのようなビジネスモデルを模索したものの、結果を出せずに退任しました。

2005年からCEOの座を引き継いだハワード・ストリンガー氏は、エレキ部門の復活とコンテンツ部門の拡大を図ろうとしましたが、やはり成果を上げることができず、その間、同社の業績はみるみる悪化します。

巨額赤字の計上後、ストリンガー氏の後任として同社復活を託されたのは、平井一夫氏でしたが、平井氏は就任2年目で1000億円規模の赤字を連続して出す羽目になり、さらに厳しい状況に追い込まれました。

ソニーは、「ウォークマン」に代表されるような、消費者の心をつかむメガヒット商品を開発し、それを起爆剤にして業績を拡大させるという大胆な戦略を得意としてきました。ひとたび大ヒット商品が出れば、開発費を多少ムダにしたところで、回収するのは簡単です。悪くいってしまえば、湯水のようにお金を使っても、ヒット商品を出しさえすれば、それでチャラというのが同社の価値観だったわけです。

平井氏にも当初はそのような期待が多く寄せられ、報道陣からは「ソニー復活の起爆剤となる商品は何か」という質問が何度も浴びせられました。

平井氏はソニー・ミュージックエンタテインメント出身で、物腰が柔らかく、いかにもソニーの社長らしい人物だったことも、周囲の期待をより大きくさせたかもしれません。

しかし大規模な赤字を連続して垂れ流している同社には、もはや過去と同じ戦略を採用する体力は残っておらず、次世代のウォークマンを開発するという平井氏の戦略はすぐに行き詰まります。表面的には「軽い」イメージのある平井氏ですが、同氏の経営者としての力量が花開いたのは、むしろその後でした。

平井氏は、管理部門出身で、当時はソネットエンタテインメント（現・ソニーネットワークコミュニケーションズ）の社長を務めていた吉田憲一郎氏（現ソニーCEO）に白羽の矢を立て、2013年に執行役に、2015年には副社長に抜擢しました。主要ラインからは外れていたと思われていた吉田氏を引き戻した理由は、吉田氏が数字の鬼だったからです。

平井氏は、VAIOのブランドで知られるパソコン部門をファンドに売却したり、テレビ部門の分社化を実施するなど、事業のスリム化を進めてきましたが、吉田氏の本格的な経営参画で、事業の再構築はさらに加速しました。

事業の見直しに加えて平井氏は資産の売却も断行しています。

同社の象徴でもあったニューヨーク・マジソン・アベニューのビルやソニーシティ大崎など、超優良物件をことごとく売却して資金を捻出。平行して徹底した人員整理を行い、最終的には従業員数は2万人近くも減りました。継続する事業についても、すべてのプロジェクトで利益体質になるよう数字の精査が徹底されたのです。

この施策も、当初はなかなか数字につながらなかったのですが、2016年頃から、徐々にその効果が現われ、業績が上向くようになってきました。平井氏は過去最高益の更新を花道に引退し、後任CEOには吉田氏が就任。現在に至っています。

ソニーは、平井・吉田体制になって何か特別なことをしたわけではありません。同社ほどの事業基盤があれば、既存のビジネスを精査し、ムダを排除するだけでもかなりの利益を捻出できます。逆にいえば、ブランドに慢心した企業というものが、いかにコストにだらしなくなるのかということの裏返しと見ることもできるでしょう。過剰な人員や事業を見直し、コストの精査を徹底するという当たり前のことを着実に実施するだけで復活できる企業は多いのです。

当たり前のことができていなかった

この話は、経営危機をきっかけに台湾・鴻海《ほんはい》精密工業の傘下に入り、見事、復活を果たしたシャープにも当てはまります。

シャープはもともと、家電を得意とする消費者向けの電機メーカーでしたが、２０００年頃から本格的に液晶デバイス事業への転換を図り、液晶関連の生産ラインを大幅に拡大しました。ところが、液晶の価格破壊が一気に進んだことから、同社は巨額の設備投資負担に耐えられなくなり、２０１２年３月期から連続して巨額赤字を計上。２０１５年３月期には累積の損失が１兆円近くに達し、経営危機に陥りました。

土壇場でシャープを救ったのは、ｉＰｈｏｎｅの製造請負で知られる台湾の鴻海精密工業でした。鴻海は２０１６年夏に、同社の幹部だった戴正呉氏をシャープに送り込み、経営再建に乗り出しました。

同氏の仕事ぶりは迅速そのもので、8月のお盆前休み前に社長に就任したのですが、休み明けには早くも経営基本方針が発表されるという手際のよさでした。

戴氏のトップ就任後、シャープの業績はみるみる回復し、社長就任から半年後の2017年3月期には早くも経常黒字を実現し、1年が経過した2017年4〜6月期には最終黒字を達成、わずか1年4カ月で東証1部への復帰に成功しました。しかも、この間に社員の給与（ボーナス含む）を17％も増やしています。

まさに100点満点の復活劇でしたが、戴氏は何か特別な奇策を繰り出したわけではありません。経営者としてやるべきことを淡々とこなしたというのが実態です

戴氏が最初に行ったのは、ずさんだった取引先との契約見直しです。

当時のシャープは原材料の確保を優先するあまり、割高な長期契約の締結が蔓延しており、これが収益悪化の原因となっていました。過剰な設備投資を実施してしまったことから、途中で引き返すことができず、何としても原材料を確保するため不利な契約を行って、さらに収益が悪化するという悪循環だったと考えられます。

戴氏は各取引先と個別に交渉を行い、契約内容を変更することで、あっという間に利益

を増やしています。

原材料の確保という大義名分があったとはいえ、高い価格で取引先から商品を買うわけですから、相手は大喜びで、満面の笑みで接してくれたはずです。取引の過程においては「御社には決断力がある」など、あらん限りの賞賛の言葉をかけてくれたでしょう。買う側は大物になった気分かもしれませんが、こうした調達のやり方は一種の麻薬であり、経営感覚をどんどん麻痺させてしまいます。1円でも安く買うという貪欲さをなくした企業の末路は常に同じであり、シャープも例外ではありませんでした。

同社のコストに対する甘さは、社長室の椅子に座り、決裁に上がってくる書類をチェックするだけでもはっきり分かったそうです。戴氏によると、情報システムを更新するにあたり、汎用機（メインフレーム）を使った旧式のシステムに、20年の長期契約でなんと30億円の金額を払っていたケースもあったそうです。

戴氏が行った施策は、経営者としてはごく初歩的なものばかりであり、高学歴者も多かったシャープ経営陣が状況を理解できなかったはずはないのですが、現実にはメチャクチャな経営が行われていました。

筆者は、経営陣のつまらない見栄とプライドがシャープの経営をダメにしたと考えています。

シャープはもともとアイデア商品を得意とするメーカーであり、そこが同社の魅力でもあり競争力の源泉でもありました。同社が躍進するきっかけとなったのは、早川式繰出鉛筆（いわゆるシャープペンシル）ですし、同社の主力商品のひとつとなったプラズマクラスターもユニークな商品です。

ところが２０００年代のシャープは、重厚長大産業に憧れ、採算を度外視して液晶の過剰投資に邁進してしまいました。経営陣が創業家からサラリーマン集団にシフトし、財界での序列など、無意味なプライドを優先するようなった可能性が高く、甘い契約もこうした土壌から発生したと見てよいでしょう。

ソニーもシャープも、もともと強固なビジネス基盤を持っており、商売の基本に立ち返ることで、容易に業績を回復することができました。日本企業に求められているのは、現実を直視する勇気と、当たり前のことを当たり前に実行するという強い意思です。

通勤時間を可能な限り削減しよう

長時間労働と同様、日本のビジネス環境にとって大きなマイナスとなっているのが、満員電車での長距離通勤です。基本的に通勤にかけている時間はコストになりますから、これが長ければ長いほど、生産性を低下させるのは明らかでしょう。

ある程度、車両に余裕があれば、本を読んだり、音声や音楽を聴くこともできますが、スシ詰めの状況ではそれもままなりませんし、仮に何かできたとしても、通勤時間の短縮で得られる効果を上回ることはできません。

1人あたり年間100万円のコスト

日本人の通勤をコスト換算すると驚くような金額となります。

内閣府がまとめた報告書によると、通勤コストがもっとも高い東京都の場合、何と、1人あたり年間100・4万円もの金額が通勤に費やされているそうです。

この金額は、通勤費を直接計算したものではなく、平均的な通勤時間に時給をかけてコストを算出し、さらに追加の住宅コスト（家賃が他と比べて高い部分の追加費用）を加えたものですから、あくまで理論的な数値です。

しかしながら、通勤がなければその時間を別の活動に費やすことができるわけですから、経済圏全体では、もっとたくさんのお金を稼ぐことができます。マクロ経済的に見た場合、通勤することによって、この金額を上回る成果を上げられない限り、通勤は一種の機会損失とみなすことができるのです。

ちなみに、総務省の調査によると、東京都の平均通勤時間は1時間34分ですが、東京都に限らず、日本人の通勤時間が世界でも突出して長いことはよく知られています。OECDの調査によると、日本人の平均的な通勤時間は米国や英国の2倍近くもあります。日本人は会社で長時間労働をしていますから、これだけ通勤時間が長いと、私生活の時間を相当、犠牲にせざるを得ないわけですが、もっとも影響を受けているのが睡眠時間です。

日本人の平均睡眠時間は7・7時間となっており、これは先進各国と比較するとかなり短いという結果が得られています。米国人は8・8時間、フランス人は8・5時間、イタリア人は8・3時間と、いずれも8時間台でした。

厚生労働省の調査では、1日の睡眠時間が6時間未満の人が39・5％もおり、2007年と比較すると大幅に増えています。このほか、諸外国との比較では、家族と過ごす時間が極端に短いという結果も得られており、プライベート全般が犠牲になっていることが分かります。

東京の人口密度はパリの半分しかない

会社で長時間労働を行い、仕事が終わっても長距離の移動が待っており、さらに短時間睡眠ということでは、よい仕事ができるわけがありません。

日本は土地が狭く人口密度が高いのでやむを得ないとの意見もあるようですが、これは単なるイメージにすぎません。算定の方法にもよりますが、東京の人口密度は諸外国と比較して特別に高いわけではないのです。

人口密度はどの範囲で算定するのかで結果が大きく変わってくるのですが、東京の人口密度が高いと算定されるのは、単純な行政区分での比較や、周辺都市を加えたケースがほとんどです。
東京都心やロンドン中心部、マンハッタン、パリ市といった中枢エリアで比較した場合、東京の人口密度はパリやニューヨークの半分しかありません。実際、パリやニューヨークの中心部には多数の市民が住んでいますが、東京都心の夜間は一部を除いてゴーストタウンです。

諸外国の例を見れば、長時間の通勤が人口密度の問題ではないことが分かるのですが、なぜ日本ではこのようなライフスタイルが定着してしまったのでしょうか。様々な理由があるので単純化することは難しいのですが、日本の宅地開発のあり方が大きく影響しているのは間違いないでしょう。

昭和の時代はまだ貧しく、経済全体として住宅の整備にお金をかける余裕はありませんでした。コストが圧倒的に安い郊外を中心に宅地開発をせざるを得なかったというのが現実であり、鉄道を使って郊外の家から長距離通勤するというライフスタイルはこうして確立したわけです。

本来であれば、生活水準がある程度、向上した段階で、住宅政策を転換すべきでしたが、日本はこれを怠り、都市部の住宅整備は一向に進みませんでした。

これが通勤時間が長くなってしまった最大の原因ですが、この話は、豊かな時代に入ったにもかかわらず、ビジネスモデルを転換できなかった日本企業の姿とも通じる部分があると思います。

すでに作ってしまった住宅についてはどうすることもできませんが、在宅勤務の拡大や就業時間の柔軟な運用によって、通勤時間を最小限にすることは可能です。長期的には都市部の賃貸住宅整備を進め、人口を都市部に集約させていく必要があるでしょう。これが実現できれば、生産性はそれだけで大幅に上昇するはずです。

メンタルをもっと重視しよう

先ほど、ソニーやシャープの復活劇について解説しましたが、日本企業が競争力を失ってしまったのは経営陣だけの責任ではありません。日本人ビジネスパーソンの仕事に対する姿勢や意欲というものも大きく関係している可能性があります。

このようなメンタルな話をすると「精神論は聞きたくない」といった反応が返ってくることも多いのですが、経済というものが人の行動の集大成である以上、こうした面を軽視することはできません。

あまりにもひどい仕事に対する日本人の意識

このところ、日本の豊かさが急速に失われているというのは多くの統計データから明らかになっていますが、実は精神面でも日本人の貧困化が進んでいます。アジアのビジネスパーソンの中で、日本人は仕事に対する姿勢がもっとも消極的という調査結果が出ているからです。

パーソル総合研究所が行った国際比較調査は驚くべき内容でした。

アジア太平洋地域のビジネスパーソンの中で、「現在の会社で管理職になりたい」と考える人の割合は、日本人が21・4％と14カ国中最下位でした(図8)。「会社で出世したいか」という類似の問いについても日本はやはり最下位です。

こうした出世意欲に対する調査は、豊かな先進国ほど低く、発展途上国が高くなるとい

図8　現在の会社で管理職になりたい人の割合

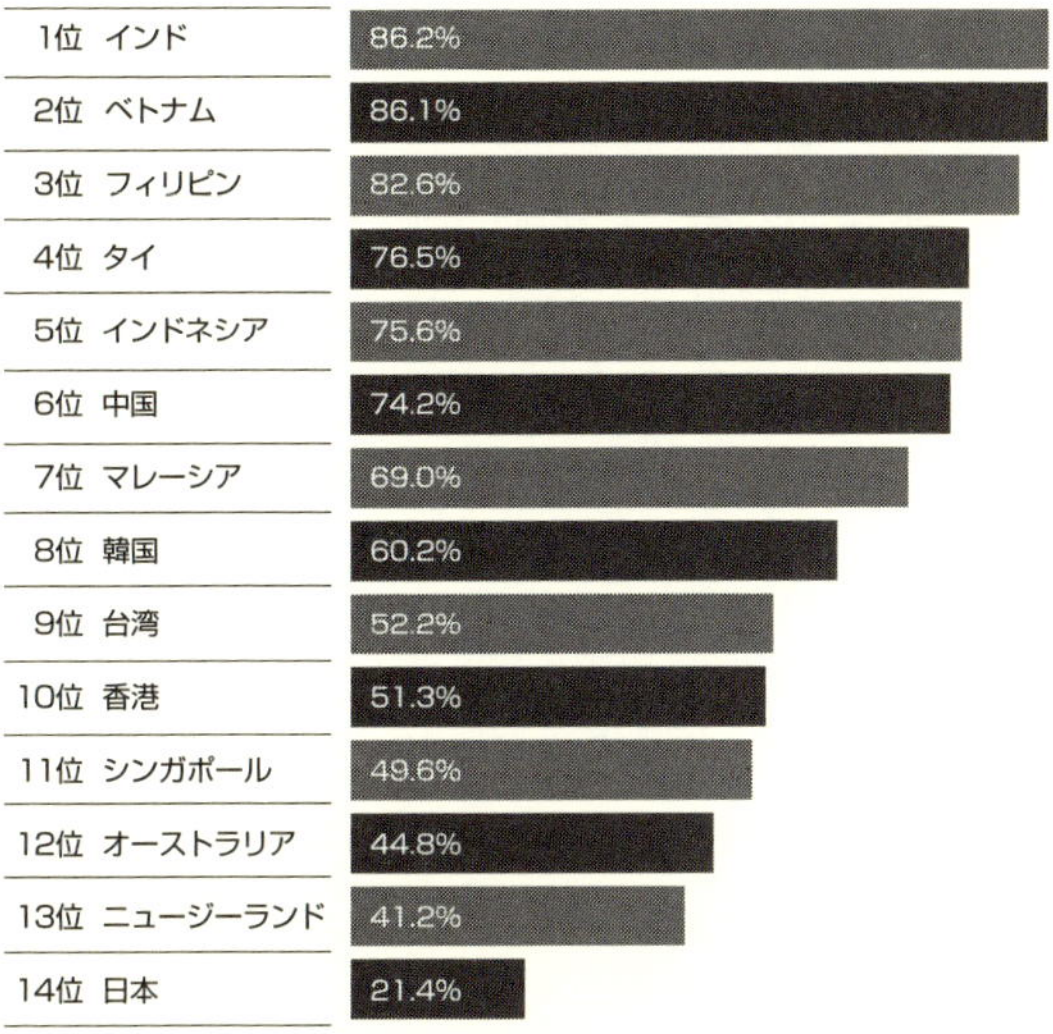

出所）パーソナル総合研究所「APAC就業実態·成長意識調査（2019年）」

う傾向が見られます。実際、この調査でも、日本の次にはニュージーランド、オーストラリア、シンガポール、香港など先進国の名前が並んでいます。

しかしながら、注目すべきなのは順位だけでなく、その数値です。

ニュージーランドは、日本に次いで管理職になりたい人の割合が低い国でしたが、それでも41・2%の人が管理職を希望しており、日本の2倍もあります。つまり日本は順位が最下位であることに加え、数値が断トツに小さいのです。やはり日本人の出世意欲の低さは異常な水準といってよいでしょう。

これだけではありません。

ダイバーシティについても惨憺たる結果となっています。上司が女性であることに抵抗はない、外国人と一緒に働くことに抵抗はない、上司が年下であることに抵抗はない、いずれの質問に対しても、日本人は最下位もしくは下から2番目となっています。

加えて、現在の勤務先で継続して働きたいと考える人の割合が最下位であるにもかかわらず、転職したいと考える人の割合も最下位、独立・起業したいと考える人の割合も最下位でした。一方、何歳まで働きたいかという質問に対しては、日本人の平均値は63・2歳となっており、この項目だけは断トツのトップです。

一連の結果を整理してみましょう。

日本人は仕事に対して前向きではなく、出世意欲が極端に低いものの、年下の上司や女性の上司の下で働くのは嫌（男性の場合）で、今の会社で継続して働くことも望んでいません。ところが、転職する意思はなく、当然のことながら独立や起業についても否定的です。一方で、高齢者になっても働き続けたいと考えています。

これはかなり深刻な事態と捉えるべきでしょう。

会社にいたくないにもかかわらず、転職の意識が極めて低いというのは、もはやセルフネグレクト（自己放任）の領域ですが、賃金が低く、将来の見通しが立たないことから、高齢者になっても働かざるを得ない状況となっているわけです。日本の職場環境は想像以上に劣悪と思った方がよさそうです。

これは本調査だけの傾向ではありません。

ビジネス向け交流サイト（ＳＮＳ）を運営する米リンクトインが、アジア太平洋地域９カ国を対象に実施した「仕事で実現したい機会に対する意識調査」でも似たような結果が得られています。

同調査では、「仕事で実現したい機会を獲得して、達成していく自信があるか」という問いに対して、日本は最下位でした。しかも先ほどの調査と同様、日本は最下位であると同時に、ひとつ上の国とのスコア差がもっとも大きく、下位グループの中でも突出して低いという結果になっているのです。

国連などが作成した世界幸福度報告書でも、日本の幸福度は１５６カ国中54位となっており、先進7カ国中では最低ランクでした。

日本人はこうしたアンケート調査において、自己評価を低くする傾向があるという点を差し引いても、憂慮すべき状況であるのは間違いないでしょう。

ロボットではなく人間になろう

多くの調査でこうした結果が得られているという現実を考えると、これが日本の経済力にマイナスの影響を与えていないわけがありません。

日本人がうつになる割合は米国人の3倍もあり、その原因のほとんどは仕事上のストレスだということですから、日本人が置かれている環境、特に職場の環境に何らかの問題があると考えた方が自然です。制度面での解決策も重要ですが、仕事に対する、私たち自身の価値観についても転換が必要でしょう。

先日、ある人のブログで興味深い記述を見かけました。

米国のお店である商品が欲しいといったところ、店頭には在庫がありませんでした。対応した店員さんは、ガムを噛みながら頬杖をついており、やる気ゼロに見えたそうですが、意外にも何度も商品を検索し、ないと分かると奥の倉庫を探し、そこでも見つからないと、念のためといってもう1回倉庫を探してくれたそうです。

そのまま日本に帰国し、日本の店舗でその商品が欲しいといったところ、完璧な言葉使いをするロボットのような日本人店員が深々と頭を下げ、「申し訳ございません。こちらで分かりかねます」と一言いわれておしまいだったそうです。

単なる接客の話ですが、ここには仕事に対する基本的な価値観の違いが顕著に表われていると思います。どちらが職業人としてまっとうなのかは説明するまでもないでしょう。

経済評論家という筆者の職業柄、精神論的なことはあまりいいたくないのですが、やはり、気持ちの持ち方で状況が変わるという側面があることは否定できません。個別の処方箋や対策以前の問題として、私たち自身が、仕事というものに対してもっと前向きになる必要があります。

一生のうち2回は転職する社会にしよう

日本の企業が停滞した雰囲気になり、高いパフォーマンを出せなくなっていることの根本的な原因のひとつは、やはり終身雇用に代表される日本独特の雇用制度でしょう。日本社会は長きにわたって、この問題について議論することを避けてきましたが、それも限界となりつつあります。

財界トップが相次いで終身雇用の終焉を宣言

これまで日本において大企業の雇用というのは一種の聖域となってきました。体力のない中小企業の場合、実質的に雇用が保証されないケースはザラにありますが、大企業の場合、経営トップが雇用に言及するのは半ばタブー視されていました。

かつて小泉政権は構造改革の本丸として正社員の雇用にメスを入れようとしましたが、逆にこれがきっかけで構造改革が頓挫したという経緯があり、各政権にとっても触れたくなかった話題だったといってよいでしょう。

しかし近年、こうした状況に変化が見られるようになってきました。経団連の中西宏明会長は2019年4月、「企業が今後、終身雇用を続けていくのは難しい」と述べ、雇用のあり方を見直す方針を示しました。同氏はその後も、記者会見などで持論を展開していますから、とっさの発言ではないことは明らかです。中西氏に続いてトヨタ自動車社長の豊田章男氏も終身雇用の再検討を示唆する発言を行っています。経団連会長と日本を代表する企業のトップが相次いで終身雇用の見直しについて言及しているわけですから、状況はかなり深刻と見てよいでしょう。

本書では、日本企業は実は過剰雇用を抱えており、この負担が利益を圧迫しているという現実について指摘してきましたが、両氏が重い口を開いたのは、企業の人件費負担がいよいよ経営を本格的に圧迫し始めており、多くの企業がこれに耐えられなくなってきたからです。

終身雇用制度は日本の伝統だと思っている人も多いかもしれませんが、それは違います。終身雇用制度や元請け下請けという重層的な産業構造は、日本の伝統でも何でもなく、戦争遂行のため国家総動員法の施行とほぼ同じタイミングで強制的に導入されたものです。

戦前の日本社会では転職は当たり前でしたし、下請け企業もドライで、条件が悪いとすぐに取引先を変えていました。

集団主義的な戦時体制が、戦後の大量生産にうまくマッチしたことから、戦後になっても制度が継続したというのが実態といってよいでしょう（経済学者の野口悠紀雄氏は一連の仕組みについて１９４０年体制と呼んでいます）。

政府は高齢化と公的年金の財政悪化に対応するため、現在65歳までとなっている企業の雇用義務を70歳まで延長し、事実上の生涯雇用制度へのシフトを目論んでいます。表面的には終身雇用を維持する制度ともいえますが、実質的には逆の作用をもたらす可能性が高いと筆者は考えています。

企業は定年延長に大きな危機感を抱いており、一定以上の年齢に達した段階で主要ポストに就いていない社員を管理職から外す、いわゆる役職定年の強化に乗り出しています。定年後の再雇用についても、給料を大幅に下げるケースが続出しているようです。

定年後、同じ会社に再雇用されたとしても、場合によってはグループ内の派遣会社の社員となり、まったく別の会社に派遣されるという可能性もゼロではありません。そうなってくると、書類上は同じ会社に勤務しているものの、事実上、転職していることと同じ状況になってしまいます。これは果たして健全な状況といえるでしょうか。

転職がもたらす劇的な効果

転職という仕組みには、時代の変化に合わせて労働者を適材適所に再配置し、イノベーションを活発化するという効果があります。

考えてもみてください。同じ職場で同じ人たちが何十年も顔を合わせて仕事をしている状況で、イノベーティブなアイデアなどが次々と出てくるでしょうか。その可能性はほぼゼロだと思ってよいでしょう。

筆者自身はサラリーマン時代に一度転職し、その後、起業して2回仕事を変えていますから、通算すると4つの仕事を経験したことになります。転職の効果は絶大で、以前の仕事で身に付けたスキルを新しい職場で再活用できることがたくさんありましたし、何よりも、自身の知見の幅が広がり、より多くのビジネス・ノウハウを身に付けることができました。また定期的に仕事の内容や付き合う人が変わることで、精神的にも極めて大きな刺激となっています。

終身雇用を頑なに守ってしまうと、こうした効果がすべて犠牲になりますから、社会全体として極めて不利なゲームにならざるを得ません。

雇用義務の延長によって、社内で事実上の転職を迫られるという状況は、労働市場全体で見た場合、非常に効率の悪いことです。社外を探せば最適な人物がいるかもしれないのに、社内、グループ内だけで人をやりくりしようとしますから、社会全体での適材適所が進まないのです。

日本は今、空前の人手不足ですから、仮に雇用を流動化しても、仕事がないという事態はほとんど考えられません。維持が難しくなった制度を無理に残すのではなく、もっと前向きに転職について捉えるべきだと筆者は考えます。

多くの人が、一生のうちに何度か会社を渡り歩くようになれば、職場の雰囲気は激変するはずですし、複数の知見が融合することで新しいアイデアが生まれ、確実にイノベーションが活性化するでしょう。

すでに存在するものの価値を最大化しよう

先ほどはソニーとシャープのケースを取り上げましたが、日本がかつてそうだったように、製造業というのは、常に発展途上国が先進国をキャッチアップし、製造業を得意としてきた先進国は、途上国にその座を譲り渡していきます。

ドイツのように国をあげて高付加価値製造業に特化するのであれば話は別ですが、いつまでも製造業に頼っていては、先進国として豊かな生活を続けることはできません。多くの先進国は、これまでの資本蓄積を利用して、すでに存在するものに高い付加価値を付け、成熟型ビジネスをうまく展開しています。

日本は欧米ほどではありませんが、アジア各国と比較して豊富な資本蓄積があり、工夫次第で多くの成熟型ビジネスの展開が可能です。しかし、国内の関心は低く、多くの資産が十分に活用されていません。

都市景観はお金にできる

先進国と発展途上国との違いがもっとも端的に表われるのは都市景観です。途上国には歴史の蓄積がありませんから、経済成長にともなって、ピカピカの新しいビルがたくさん建設されます。新しい高層ビルが並んでいる風景は壮観ですが、何となく薄っぺらな感じがします。

一方、先進国には近代国家としてのそれなりの歴史がありますから、新しいビルに混じって古いビルが混在し、これが独特の落ち着いた雰囲気を醸し出します。ニューヨークでは今も新しいビルが次々と建設されていますが、一方で、ウールワースビルのように100年以上も前に建設されたビルが現役で、これが非常によい調和となっています。

日本は主要国としては、最後発で経済発展した国ですが、それでも、明治時代からの文化や資本の蓄積があり、東京をはじめとする大都市には、アジア各国の都市にはない雰囲気というものがありました。

高度な資本主義社会においては、都市景観など、一見するとお金とは関係のないものについても、工夫次第では非常に価値の高い資本財となります。

つまり、都市景観というのは貴重な財産であり、利益を生み出す源泉ですから、本来であれば多くの議論を重ね、再開発する場合には高い戦略性が必要となるわけです。

諸外国ではコストをかけることで古い景観を残しつつ、新しい開発を進めるという事例も珍しくありません。日本もこうした都市景観をうまく活用し、アジア各国にはない高い付加価値を実現した方がよいのですが、近年、こうした都市景観が失われようとしています。

先ほど、大都市圏で過剰なビル建設が行われているという話をしましたが、ビル建設を優先するため、次々と容積率の規制が緩和されており、東京都心では、周囲の景観と調和しないビルが乱立するようになっています。厳しい条例を設定し、美しい都市景観を維持してきた京都市も、とうとう高さ規制の撤廃に乗り出しています。京都の例を見てみましょう。

京都では昭和30年代から景観に関する条例を定めており、屋外広告の制限や美化地区の設定、建物の高さ制限などを実施してきました。また2007年には新景観条例を策定し、建造物に対するより厳しい規制を導入しました。

京都の都市景観は、いわゆる寺社などの文化財とは直接関係しませんが、京都の街が、たとえビル街であっても古都らしい落ち着いた風景を保っていることによって、寺社などの文化財の価値が、何倍にも増幅されているのは間違いありません。

ところが、近年は京都も人口減少が進み、他の自治体への転出超過が続くなど、都市の衰退が懸念されるようになってきました。このため市では、オフィスビル建設を促進するため、景観規制の緩和について検討を開始しています。

京都は日本を代表する観光都市であり、美しい景観を持つ街として知られていましたから、規制緩和の議論は全国的にも話題となりましたが、都市の景観の改変はすでに全国各地で進んでいます。

かつては東京でも、丸の内に代表されるように、ビルの高さが揃っており、美しい景観を保持しているエリアはたくさんありました。しかし、景気対策から大幅な容積率の緩和が行われ、もともとの地形を生かさず、効率を最優先したビル建設が相次いでいます。

これに加えて、建築物としての文化的価値が高い物件の取り壊しもかなりのペースで進んでいるというのが実状です。

地震大国だから古いビルを維持できないというのは思考停止

東京都港区赤坂にあるホテルニューオータニの向かい側、現在「東京ガーデンテラス紀尾井町」が建っている場所には、かつて「赤坂プリンスホテル」がありました。同ホテルの新館は世界的な建築家であった丹下健三氏が設計したもので、極めて文化的価値の高いビルでしたが、築29年であっけなく解体されてしまい、関係者を驚かせました。

丹下氏は、堀と高低差がある付近の地形をうまく活用し、近代的なビルと江戸時代からの雰囲気がうまくマッチするよう絶妙な設計を施していました。100年は優に使えると思われる丹下氏設計のビルは取り壊され、後には、敷地を目一杯使った巨大なオフィスビルがそびえ立っています。

日本モダニズム建築の傑作ともいわれた「ホテルオークラ東京本館」も同様です。ホテルオークラは2014年5月に高層ビルへの建て替え計画を発表し、その後、旧本館は取り壊されました。旧本館の取り壊しについては、海外の文化人らが反対を表明し、ワシントンポストなど海外の主要メディアも取り上げる事態となりましたが、計画は予定通り進められました。

ホテルオークラも、建築そのものの価値に加え、土地の由来や地形を生かした設計によって、景観としての価値も高いという特徴がありました。

オークラの敷地は、周囲を見下ろす小高い丘になっているのですが、これが周辺との隔絶感を演出しており、米国大使館と隣接していることもあって独特の雰囲気を醸し出していました。しかし、建て替え後はオフィスやホテル、商業施設が入る、ごく普通の高層ビルに変わってしまいました。

こうした建て替えについて議論になると、決まって出てくるのが「日本は地震国なのだからやむを得ない」「ビルを新しくしなければ経済成長できない」といった一方向の意見です。

日本は地震が多く、築年が古いビルの中に耐震性が低いものが多く含まれているのは事実ですが、耐震補強を行って継続利用できているビルもあることを考えると、地震国なので古いビルが許容されないというのは一種の思考停止だと筆者は考えます。米国の西海岸など日本に匹敵する地震多発エリアであっても古いビルはたくさんあります。要はコストと技術の兼ね合いであり、検討する余地は十分にあるはずです。日本が技術立国というならなおさらでしょう。

新興国は法外な値段でも文化的価値が高いモノを欲しがる

古いビルが経済的に競争力を持たないというのも、あくまでハード面に限った話です。現代社会ではソフト面のパワーを無視することはできませんし、先進国であるならば、むしろソフト面の付加価値を高めていく方が経済的メリットが大きいのです。

ニューヨークの超名門ホテルであるウォルドルフ・アストリア・ニューヨークは、2014年にヒルトン・グループから中国企業に売却されました。同ホテルは、まさに米国を代表するホテルのひとつでしたが、新しいホテルと比べると客室スペースが狭く、老朽化している印象は否めませんでした。

しかし、ヒルトンは新しく建て替えるということはせず、19億5000万ドル（当時のレートで約2300億円）というとてつもない価格で、しかも長期の業務運営委託契約付きで中国企業に売却するという選択を行いました。

中国企業はホテルの美観を維持する義務があり、コストをかけて大規模修繕まで実施しなければなりません。高い収益を上げつつ、文化財的な価値も維持するという、売り手にとって圧倒的に有利なスキームで売却を実現したのです。

この事例は、経済的に豊かになった新興国というのは法外な値段であっても、文化的価値が高いモノを欲しがるということを如実に表わしています。

実は、これには後日談があり、買収した中国企業は無理な拡大策が災いして破綻し、現在、ホテルは中国政府の管理下にあります。もし米国資本が安く買い戻せれば、米国にとってはさらに利益となるでしょう。

ヒルトン・グループがこうした決断を下せたのは、同社の経営が、ホテルを自ら所有するという旧来の形態から完全に脱却し、時代に合った経営体制を構築できていたからです。

ところが、ホテルオークラを運営するオークラ・ホールディングスはこうした経営体制のシフトに失敗しており、本来であれば、グループの象徴としての役割を果たすホテルオークラの土地（この土地は大倉財閥創業者である大倉喜八郎の邸宅跡）をフル活用しないと、全社的な利益もままならない状況となっています。

結局のところ、時代に合わせた経営にシフトできなかったことで、文化的価値の高い建築物まで取り壊す結果となってしまうわけです。

一方、ロンドンでは、テムズ川のほとりに廃墟として放置されていた古い発電所をリニューアルし、大規模なオフィスやレジデンスとして再利用するプロジェクトが進められています。

発電所として稼働していた当時の状況が随所に残されており、ボイラー室だった場所には米アップルが英国本社を構える予定となっています。建物の保全との折り合いで開発は難航しましたが、マレーシアの投資家の資金を得たことで、プロジェクトは実現の運びとなりました。

先進国は、仮に衰退が始まっていても、工夫次第でこうした「オイシイ」ビジネスをすることが可能であり、文化財の保存と経済的利益の両方を追求できます。これこそが先進国が持つ最大の特権であり、欧米ほどではないにせよ、日本にはこうした資産があります。

容積率を一方的に緩和し、景観を壊しながら新しいビルを建設するよりも、はるかに利益の大きいスキームを構築することは日本でも不可能ではありませんし、それを考え出す知恵こそが必要でしょう。

市場のことは市場に聞こう

日本は人口が減少していますから、何もしなければ、小売店や外食といった消費市場は縮小が進んでしまいます。その意味で、外国人観光客を呼び込むという、いわゆるインバウンド需要の開拓は重要な意味を持っています。

先ほど、先進国には文化的な資産があり、工夫次第で大きなお金に変えることができると説明しましたが、この話はインバウンド・ビジネスとも直結しています。

「おもてなし」の多くは、実は押し付け

政府が訪日客の目標を設定したこともあり、以前に比べて外国人観光客の数は大幅に増えましたが、日本という国の経済的、社会的な環境を考えた場合、外国人観光客の数は現時点でもかなり少ないというのが実状です。成熟国としての魅力を生かせるよう戦略的に取り組まないと、安い買い物だけが目当ての外国人しか訪問せず、弊害の方が大きくなってしまいます。

日本は東京という世界屈指の大都市を抱えており、長い歴史と伝統がある国ですから、本来であればもっとたくさんの外国人が訪問しているはずです。アジアの小国にすぎないタイのバンコクに東京の2倍以上の外国人が訪問しているという現実を考えると、日本のインバウンドには大きな課題があると考えるべきでしょう。

日本は「おもてなし」が上手だといわれていますが、これはあくまで日本人自身の自己評価でしかありません。ビジネスにおいては、自己評価で戦略を決めることほど危険なことはなく、日本流の「おもてなし」にもその可能性があります。

すでにあちこちで指摘されていることではありますが、この点に関して、日本旅館には多くの課題があると筆者は考えています。

日本旅館は、1泊2食付きの料金体系となっていることが多く、食事と宿泊が分離されていません。これは短期宿泊する日本人旅行者を想定した内容です。外国からやってくる宿泊客は、深夜や早朝に到着することもあり、場所によっては時差もあります。食べても食べなくても食事の代金を支払う必要があり、かつ食事の時間も決められているということになると、顧客から選択されなくなる可能性は高まります。当然のことですが、長期滞在のニーズにも合致しません。

実際に自分が外国に行ったことを考えれば容易に想像できると思いますが、料金に食事が含まれていて、しかも食事の時間は自由にならず、時差を抱えながら現地入りするという状況を考えたとき、こうした宿泊施設を積極的に選ぶでしょうか。筆者なら選びません。しかも日本旅館の場合、外国人にとって食事はすべて現地料理（日本料理）で、寝具についても布団という、ほとんど経験のない現地式（日本式）です。

これについても、私たち自身に置き換えてみると分かりやすいでしょう。

確かに現地のスタイルで現地の料理を食べることはよい体験ではありますが、あまり慣れていない食事を何日も提供されてしまうと、正直、気分のよいものではありません。日本人であれば、ご飯や蕎麦、ラーメンなどが食べたくなるはずですが、これは外国人にとっても同じことです。何日も日本料理を食べさせられてしまうと、いつも食べているものが食べたくなるはずです。これはわがままでも何でもありません。日本旅館の場合、寝具や装備についてもこの話が当てはまります。

例えば、私たちがアフリカなど、異なる文化圏に旅行した際、食事に加えて寝具も現地式という施設をわざわざ選ぶでしょうか。現地の文化に高い関心を持っている人なら話は別ですが、ごく普通の人が休暇で旅行するときには、やはり一般的なホテル形式で泊まれる施設を選ぶのではないかと思います。

私たちがそうなら、当然、外国人も同じであり、日本に来たときだけ、すべて現地式で、異国の文化にどっぷり、という選択はしないでしょう。その点において、日本旅館は決定的に外国人のニーズとかけ離れています。

日本式の宿泊施設を特に好む顧客や、1泊2日の日本人顧客だけに限定するという明確な戦略のもとにこうした価格体系を提示しているのであれば問題ありません。しかし、インバウンド需要に関して「長期滞在の外国人をいかに取り込むのか」といった議論をしているところを見ると、顧客を選別するつもりはなく、むしろ多数の外国人に利用してほしいと考えているようです。そうだとすると、考えていることと実際にやっていることが、矛盾しています。

ビジネスでもっとも大事なことは顧客の声を聞くことであって、自分のやり方を相手に強く勧めることではありません。提供者が思っていることと、顧客が思っていることには乖離がありますから、まずは顧客の声を聞くことが最優先でしょう。

顧客の声を聞くのはビジネスの基本

東京の築地市場が、外国人にとって極めて魅力的な場所であることは多くの人が知ることになりましたが、築地市場が、巨大な観光スポットになるなど誰が想像したことでしょう。

日本人にとってはマグロがゴロっと転がることは珍しくも何ともありませんが、外国人がこれを見ると、歓声を上げて喜びます。こうしたニーズは、自分たちだけではとうてい分析できるものではありません。

北海道のニセコは、今では外国人の聖地となっており、街中は英語の看板で溢れかえっています。ニセコに移住する外国人も増えており、日本語をいっさい話せなくても生活に困らないほど、外国人向けのインフラが充実しています。

確かにニセコはそれなりに知名度のあるスキー場ではありましたが、世界のスキーヤーを虜にするパワーがあると思っていた日本人は少ないでしょう。ニセコのパウダースノーは、本格的なスキーヤーにとって、とてつもない魅力だそうですが、これも口コミで世界に広がったものです。

一方、中国の大連では、京都の町並みを模した大規模なリゾートホテルの建設が予定されています。分譲される別荘は億単位の価格ですが、飛ぶように売れているそうです。中国で京都風のリゾートが大人気であるならば、日本で似たような施設を作れば、確実に大きな集客が見込めるでしょう。このアイデアも日本人では思いつかないものです。

こうした事例がたくさんあるわけですから、顧客の声を聞くことができれば、ビジネスチャンスはいくらでも拡大できるのです。

日本はコンパクトな消費国家を目指そう

本書で論じてきたことを整理すると以下のようになると思います。

日本企業は基本的に雇用が過剰で、組織の新陳代謝が滞っており、これがイノベーションを阻害しています。日本は1990年代に途上国型経済から先進国経済に転換を図るタイミングを迎えましたが、硬直化した企業組織が邪魔をして、産業構造の転換に失敗しています。

製造業というものは、常に途上国が先進国にキャッチアップするという歴史の繰り返しで、この法則に逆らうことはできません。

本来であれば、日本企業は、現在のアップルやグーグルのように、極めて高い付加価値を提供するビジネスにシフトするべきでしたが、従来の仕組みを維持したまま、中国や韓国とコスト勝負する結果となってしまい、多くの日本企業が疲弊してしまいました。

この間、中国がめざましい成長を遂げ、米国に挑戦するほどの大国に変貌しつつあります。中国の技術力の向上は想像を超えるレベルとなっており、近い将来、日本は確実に中国に追い越されるでしょう。これに加えて東南アジア各国も急速に豊かになっており、これまで存在しなかった消費経済が着実に育ちつつあります。

日本は世界のどこよりも暮らしやすく便利な国であるのは誰もが知る事実でしたが、これも特別なことではなくなりつつあります。場所にもよりますが、例えばタイの首都バンコクであれば、あらゆる便利なサービスが揃っており、もしかすると日本よりも快適に暮らせるかもしれません。

ちなみに、中国は共産党による独裁国家であり、私たちの根源的な価値観である民主主義を否定しています。タイも軍事政権ですし、近年、成長が著しいカンボジアもやはりフン・セン首相による独裁国家です。

筆者はジャーナリスト出身ですので、独裁的な非民主国家が世界のリーダーになるという現実は、あまり受け入れたくありません。しかし、現実は現実として受け止め、それに対処していかなければ、冷酷な国際社会で生き延びることはできないでしょう。

かつて先進国だったにもかかわらず、何度もデフォルト（債務不履行）やハイパーインフレを繰り返すアルゼンチンを見れば分かるように、いったん転落した国が再浮上するのは容易なことではありません。

残念なことですが、日本が再び高い技術力を確保し、米国や中国と対峙する国になるのは極めて困難であり、企業戦略や国の政策もそれを前提に議論していく必要があります。

企業を可能な限りスリムに

では、ビジネスモデルの転換に失敗し、制度疲労を起こしている日本はどうすべきなのでしょうか。

筆者は、コンサルタントとして仕事をしていた期間も長いので、何か問題が発生した場合には、現状を整理して構造化し、必要な処方箋を考えるというクセがついています。コンサルタント的な思考回路は、問題解決の近道ですが、ビジョンなど大きな視点を欠くという弱点もあります。

しかし、状況が厳しいときには、まずは出血を止め、目の前の事態に対処することが重要ですから、こうしたアプローチは非常に有効だと思います。

本書ですでに何度も指摘していますが、日本企業は過剰な雇用を抱え、組織が硬直化していますから、まずはこの状況から脱却しなければなりません。

繰り返しになりますが、人は同じメンバーで長期間、同じ仕事をしていると、確実にマンネリ化します。日本はもっと転職を活発にして、人材の流動性を高める必要があります。人材が流動化しないと、必要なところに、必要な能力を持った人材を最適配置できませんから、確実に社会全体の生産性が低下します。

日本は超高齢化社会に入っていますから、一生の間に1回か2回は転職するのが当たり前というくらいにならないとバランスが取れないでしょう。

企業の経営についても、技術力について過信せず、ソニーやシャープのようにフツーの会社として着実に利益を上げることに専念した方がよいでしょう。ソニーの場合には2万人もの従業員を削減しましたが、雇用が過剰となっている日本企業においてこれは重要なことです。

同じ業務をより少ない人数でこなし、会社外に出た人が別の仕事に従事すれば、その分だけ確実にGDPが増えます。GDPが増えたということは、国民の所得が増えたということであり、時間はかかりますが、確実に社会全体の豊かさにつながっていきます。

社員数が減れば生産性も上がりますから、従業員の賃金が上昇し、これが支出を増やし、いずれは他の従業員の賃金も上がっていきます。社員数を減らす措置は、実は賃金上昇の第一歩であるという認識が必要でしょう。

職を失った人は、一時的には苦労するかもしれません。しかしながら、空前の人手不足が続く今の日本経済においては、仕事がどうしても見つからないということはほとんどありえません。また、一時的であっても職を失った人をどうケアするのかという点については、まさに政府の出番です。

すでに言及したように、ドイツでは、企業はいつでも自由に社員を解雇できるようになっており、これがドイツ企業の機動力の源泉となっています。しかし解雇された従業員には失業保険や再就職支援プログラムなど手厚い支援策が用意されており、次の仕事をスムーズに見つけられるようになっています。

解雇が容易である分、経営者に対しては厳しいルールも定められており、一定期間、債務超過を放置すると処罰されてしまいます。

経営者には高い報酬を認める代わりに、成果を強く求め、従業員に対しては解雇のリスクを引き受ける代わりに、手厚い支援策を準備するというドイツの考え方は非常に合理的です。

政府というのは、日常的には企業活動に介入すべきではなく、むしろこうしたときにこそ力を発揮すべき存在だと筆者は考えます。

日本はその逆となっており、日常的には企業活動への介入が多く、イザというときの支援策は手薄です。雇用の流動化を促進するためにも、失業対策やスキルアップ支援についてはおしみなく予算を投じるべきでしょう。

「国内資本」と「国内市場」をフル活用しよう

次に重要なのは、日本が持っている強みを認識し、それを最大限生かす方策を考えることです。

日本の強みをごく簡単に整理すると、以下の2つになります。

ひとつは分厚い資本蓄積があること、もうひとつは大きな単一市場を持っていることです。

日本は大量生産時代に輸出によって獲得した外貨を原資とした分厚い資本蓄積があります。このまま日本が衰退してしまうと、この資本も海外に流出しますが、今のところ、そうした事態にはなっていません。

日常生活で馴染みがないせいか、多くの人はあまり重要視していませんが、豊富な外貨を持っていることがどれだけ有利なことなのか、私たちは理解しておく必要があるでしょう。

日本の経常収支はすでに所得収支が貿易黒字を大きく上回っており、日本はもはや投資収益でメシを食う国になっています。好むと好まざるとにかかわらず、日本は投資に強くなる必要があるのです。日本が保有する外貨の投資利回りはあまり高くありませんが、これを改善する方策が必要でしょう。

グローバルな投資に強くなるためには、実は社会が諸外国に対してオープンになる必要があります。投資について勉強して努力すれば投資に強くなると考える人も多いかもしれませんが、それだけでは不十分です。

諸外国を見渡しても、投資を得意としている国は、ほぼ例外なく外国人に対してオープンで、多くの人材を自国に受け入れています。投資というのは、資金と戦略、そして情報が組み合わされて初めて効果を発揮しますから、排他的で暗い雰囲気の社会では絶対に成功しないのです。

日本が今後、何とかこの生活水準を維持するには、もっと諸外国に対してオープンになり、保有している資本をフル活用する知恵が必要となります。

多くの人がそのありがたみを認識していないという点では、国内市場についても同様です。一定レベルの生活水準があり、同一の言語を話す消費者が1億人以上も集約している市場というのは世界を見渡してもそれほど多くありません。

日本は、この消費市場をフルに活用すべきでしょう。

1億人の市場があれば、無理に海外に進出することなく、国内市場だけでも十分な収益を得ることができます。大事なことは、新しいアイデアやビジネスを阻害しないことです。

日本では、新しい技術やそれを使った新しいサービスに対して感情的に反発する傾向が顕著となっており、これが新産業の成長を妨げています。成長できている国は、原則自由で何かあったときに規制するというスタンスですが、日本の場合には原則禁止なので、新しい産業が育ちません。

日本ではウーバーのようなライドシェアは禁止されていますし、おそらくドローンについても多くのサービスが実現不可能となるでしょう。新しい技術やサービスの中には有害なものも出てくると思いますが、使ってみてダメであれば中止すればよいだけです。

ごく簡単なことですが、こうした制約が取り払われるだけでも、企業活動は活発になり、魅力的なサービスが次々と登場してくるはずです。消費というものはマインドに左右されやすく、同じ所得であっても、魅力的な商品が登場したり、将来に対する見通しが明るくなると、一気に拡大するものです。

日本は失われた30年で大きな機会損失を抱えてしまいましたが、まだ間に合います。これらの項目について前向きに取り組めば、これ以上の衰退を防ぐことは十分に可能だと筆者は考えます。

おわりに

本書のタイトルにもある通り、筆者は、日本はすでに「後進国」になりつつあり、企業戦略や国の政策もそれを前提に組み立てるべきだと主張しているわけですが、この言い方に対しては不快感を持った人も多いかもしれません。

しかしながら、あえて筆者がこの言葉を用いた理由は、日本は「昔から豊かな先進国だった」という誤った認識が蔓延しており、これが正しい処方箋を導き出すことの妨げになっていると強く感じているからです。

正しい処方箋を得るためには、現状を正しく認識しなければなりません。現実から目をそらしたり、間違った理解をしていては、正しい結論が得られないのは当然のことです。

近年、日本は保守化しているといわれており、外国をむやみにバッシングしたり、無条件で日本を賛美することが愛国的であるという風潮が強くなっていますが、筆者は、こうした行動が愛国的だとは思いません。

本当に日本を愛しているのなら、名実ともに、日本が強く豊かな国になることを目指して努力すべきだと思いますし、そのためには、嫌なことであっても現実を受け止め、それに立ち向かう勇気が必要です。そうした行動ができる人こそが本当の愛国者ではないでしょうか。

「日本は昔から豊かな先進国だった」あるいは「日本は今でも世界有数の先進国だ」という価値観は、現実から目をそらしているとしか思えません。私たちは目を覚ますべきだという意味を込めて、「後進国」という言葉を使いました。

本書では、日本の生産性は、過去50年間、先進国では最下位という状況が続いていると説明しました。１９８０年代には生産性の伸びが高まり、欧米各国に近づくかに見えましたが、その後は再び鈍化しています。

同じく本書では、日本の輸出シェアは、多くの人が思っているほど高くないという話をしましたが、輸出シェアについても、１９８０年代に上昇したものの、そこをピークとして下落が続いているというのが実状です。

このようなことを書くと、日本の１人あたりＧＤＰは世界2位になったこともあるではないかとの反論が聞こえてきます。しかしながら、日本の１人あたりＧＤＰが一時的に大きく増えたのは、１９８５年のプラザ合意によって、過剰に円高が進んだことが原因です。１人あたりのＧＤＰは名目の為替レートでドル換算しますから、通貨高になると数値が上昇するわけです。

しかし、実際の生活感覚に近くなる購買力平価の為替レートを適用した場合、日本の１人あたりＧＤＰはずっと下位のままであり、常に米国やドイツを下回っています。

つまり日本という国は、かつて豊かだったのではなく、昔から貧しく、１９８０年代に豊かになりかかったものの、再び貧しい国に戻りつつあるというのが実態なのです。この点について勘違いしてしまうと、対応策についても根本的に間違った結論を導き出してしまいます。

ちなみに１９８０年代といえば、日本のエレクトロニクス産業が急速に発展し、世界市場での存在感を高めていた時代でした。この頃、筆者はまだ少年でしたが、技術の進歩と日本企業の躍進を直接、肌で感じる体験をしています。

筆者は現在、経済評論家として仕事をしていますから、世間的なイメージはいわゆる文系的な仕事かもしれませんが、筆者の大学の専攻は原子核工学なので、実際にはガチガチの理工系です。

小学生の頃、筆者は電子工作に夢中になり、半田ゴテを片手に火傷をしながらトランジスタ・ラジオなどを制作していました。

ところがある時期を境に、多数のトランジスタを集積したＩＣ（集積回路）が急速に普及し始め、工作で作れるモノが一気に進化しました。続いてＬＳＩ（大規模集積回路）が登場し、従来の電子工作の常識はまさに一変したのです。

話はそれだけにとどまりません。ＬＳＩの登場でびっくりしたのもつかの間、今度はパソコンの普及が始まりました。

パソコンの普及（つまりソフトウェアへのシフト）は、子どもだった筆者にとっても衝撃的な出来事でした。

完成させた機械に異なる動作をさせようと思った場合、従来ならばゼロから機械を作り直さなければなりません。ところがパソコンというものは、ソフトウェアに何十行かプログラムを書き足すだけで、いとも簡単に機能を変更できてしまうのです。本書のテーマである生産性という観点で考えれば、10倍、100倍の効率化といってよいでしょう。

筆者はまだ中学生で、父親は公務員でしたから（今とは異なり、当時の公務員は安月給の象徴でした）、パソコンは買ってもらえず、ショップに展示してあるパソコンをいじっては、見よう見まねでプログラミングを覚えるという程度の使い方でした。当然のことながら、生産性の定義も知りませんし、企業活動についてもほとんど知識はありませんでしたが、子どもながらに、これはとんでもないことになったと強く感じたものです。

中学生だった筆者ですら、ソフトウェアが持つ破壊力のすさまじさを実感できたわけですから、高度な知識を持った大人はもっと的確に状況を把握していたはずです。ところが現実には、日本企業の多くはソフトウェア産業を軽視し、ＩＴの分野では、ほぼすべての主導権を諸外国に奪われてしまいました。

筆者が実体験として感じてきたように、日本企業は、真空管から、トランジスタ、ＩＣ、ＬＳＩと、次々と新しい技術を諸外国から学び、着実にそれを製品化していったわけですが、どういうわけか１９９０年代以降、そうした謙虚な姿勢は失われ、国際的な競争力をみるみる低下させていきました。

これまでできていたことができなくなったというのは、やはり「慢心」が原因としか思えません。それどころか、こうした歴史を顧みず、日本は傑出した技術大国であるという前提で多くの政策を決定しようとしています。

日本のこれ以上の凋落を防ぎ、豊かな社会の実現を目指すためには、日本の本当の立ち位置について、もう一度、見つめ直す必要があるでしょう。本書を執筆した最大の狙いもそこにあります。

日本には幸いにして、豊富な資本蓄積と同一の文化圏に属する1億人の消費市場がありますます。日本には目立った天然資源はありませんが、「資本」と「市場」という大きな資源を手にしているのです。これをフル活用しない手はありません。

しかし、国内の消費、つまり内需で経済を成長させるためには、私たち自身が大きく変わらなければなりません。

経済学では、消費が増えるとGDPが増えるというメカニズムは説明してくれますが、なぜ消費が増えるのかという根本的な問いに対する答は用意されていません。その理由は、消費というものは、最終的に消費者のマインドが決定するものだからです。

世の中では経済政策によって景気が決まると考えている人が多いのですが、それも正しい認識ではありません。
減税や公共事業、金融緩和といった経済政策、金融政策は、個人の経済活動を側面支援する効果しかもたらしません。本当の意味で経済を成長させるのは、私たち自身の行動そのものなのです。経済学には限界がありますが、逆にいえば、私たちの意識さえ変われば、いくらでも経済を成長させることができるということでもあります。

加谷 珪一

●著者紹介

加谷 珪一（かや けいいち）

経済評論家

仙台市生まれ。1993年東北大学工学部原子核工学科卒業後、日経BP社に記者として入社。野村證券グループの投資ファンド運用会社に転じ、企業評価や投資業務を担当。独立後は、中央省庁や政府系金融機関など対するコンサルティング業務に従事。現在は、ニューズウィークや現代ビジネスなど数多くの媒体で連載を持つほか、テレビやラジオなどでコメンテーターを務める。億単位の資産を運用する個人投資家でもある。

お金持ちの実像を解き明かした書籍『お金持ちの教科書』はベストセラーとなり、「教科書」と名の付く書籍ブームの火付け役となったほか、法科大学院の入試問題に採用されるなど反響を呼んだ。

主な著書に『億万長者への道は経済学に書いてある』（クロスメディア・パブリッシング）『感じる経済学』（SBクリエイティブ）、『ポスト新産業革命』（CCCメディアハウス）、『戦争と経済の本質』（総合法令出版）、などがある。

加谷珪一オフィシャルサイト　http://k-kaya.com/

日本《にほん》はもはや「後進国《こうしんこく》」

発行日　2019年12月30日　第1版第1刷
　　　　2020年 4月20日　第1版第2刷

著　者　加谷《かや》 珪一《けいいち》

発行者　斉藤　和邦
発行所　株式会社　秀和システム
〒135-0016
東京都江東区東陽2-4-2　新宮ビル2F
Tel 03-6264-3105（販売）Fax 03-6264-3094

印刷所　日経印刷株式会社　Printed in Japan

ISBN978-4-7980-6021-7 C0034

定価はカバーに表示してあります。
乱丁本・落丁本はお取りかえいたします。
本書に関するご質問については、ご質問の内容と住所、氏名、電話番号を明記のうえ、当社編集部宛FAXまたは書面にてお送りください。お電話によるご質問は受け付けておりませんのであらかじめご了承ください。